クロスステッチで楽しむ小さな世界

季節を綾なす刺しゅう

seasonal cross stitch and gift

日本文芸社

contents

Chapter 1
Seasonal stitch
季節のステッチ

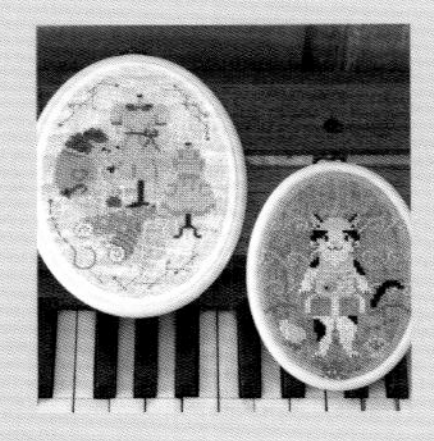

Animal & Fashion
動物とファッション
—春— はりねずみの仕立て屋　4
—夏— スイムウエアのねこ　4
—秋— うさぎの帽子屋　5
—冬— 紳士ならいおん　5

Seasonal swag
四季のスワッグ
—春—　12
—夏—　12
—秋—　13
—冬—　13

Travel the world
世界を旅する
—春・冬— ロンドン　6
—夏— ベネチア　7
—秋— パリ　7

Ornament of the four seasons
四季のオーナメント
—春— 鳩時計　14
—夏— 飛行船　16
—秋— おやすみくま　17
—冬— ホリデー　18

Girl & Flower
四季の少女
—春— クローバー　8
—夏— ラベンダー　9
—秋— コスモス　10
—冬— クリスマス　11

Chapter 2

Gift stitch

おくりものステッチ

バレンタイン　20

母の日　21
父の日　21

カフェラテ
—アイスキューブはおいくつ？—　26

コーヒー
—ミルクはいかほど？—　27

女の子　22

男の子　23

フラワースクエア —バラ—　28

フラワーサークル
—チューリップ—　29

ハンバーガーを作ろう　24

ナポレオンパイ　25
フルーツサンド　25

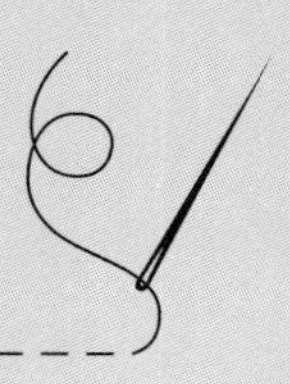

刺しゅう糸の紹介　30, 31

用意するもの —材料と道具—　32

刺し始める前に　33

基本のステッチ　34, 35

仕上げの方法　36-38

How to stitch —図案—　39

ー春ー　はりねずみの仕立て屋 p.40
ー夏ー　スイムウエアのねこ p.41

design&making : 平泉千絵 (happy-go-lucky)

季節の装いを楽しむ動物たち。
泳ぎが苦手なねこちゃんも、うきわを用意してやる気満々。
それぞれのコーディネートにも注目です。

ー秋ー うさぎの帽子屋 p.42
ー冬ー 紳士ならいおん p.43
design&making : 平泉千絵 (happy-go-lucky)

みんなどこか誇らしそうで、
春夏秋冬すべてステッチして
揃えて飾りたくなります。

Travel the world

世界を旅する

—春・冬— ロンドン p.44

design&making : 橋倉りえ子（CRIE* CRIE）

世界の名所を小さなフレームに。
針を進めるたびに浮かんでくる景色を見ていると、
旅に出たくなりそう。

—夏— ベネチア p.46

—秋— パリ p.47

design&making : 橋倉りえ子（CRIE* CRIE）

夏のベネチアでゴンドラに乗っていたら、
かもめさんがやってきました。
パリジェンヌは色づく街を颯爽と歩いてゆきます。

―春―　クローバー p.48

design : 加納博子
making : 亀ヶ谷紕左

ある春の日は、草原へクローバーを摘みに。
小鳥さんもネックレスづくりの
お手伝いをしてくれるようです。

ー夏ー　ラベンダー p.50

design&making : 加納博子

風が気持ちよい初夏には、
なかよしのワンちゃんと一緒に
ラベンダー畑へ。

一秋一　コスモス p.52

design : 加納博子
making : 肥塚千恵

お庭でのガーデニングがはかどる秋の 1 日。
コスモスはリビングの
お気に入りのチェストに飾ろうかな。

一冬一　クリスマス p.54

design : 加納博子
making : 加納春子

クリスマスにむけて毎日少しずつお部屋を飾り付け。
ツリーもプレゼントも準備はばっちり！イブが待ち遠しい。

Seasonal swag

四季のスワッグ

スワッグは季節の花々を束ねるようにステッチして、
小さなフレームに。

12 Spring

13 Summer

—春— ミモザ、アネモネ、マトカリア p.56
—夏— アジサイ p.57
—秋— ガーベラ、ヘクサリウム、かぼちゃ、どんぐり p.58
—冬— ヤドリギ、コットンフラワー、クラスペディア、松 p.59
design&making：三井由佳（Bloom）

Ornament of the four seasons

四季のオーナメント

16 Spring

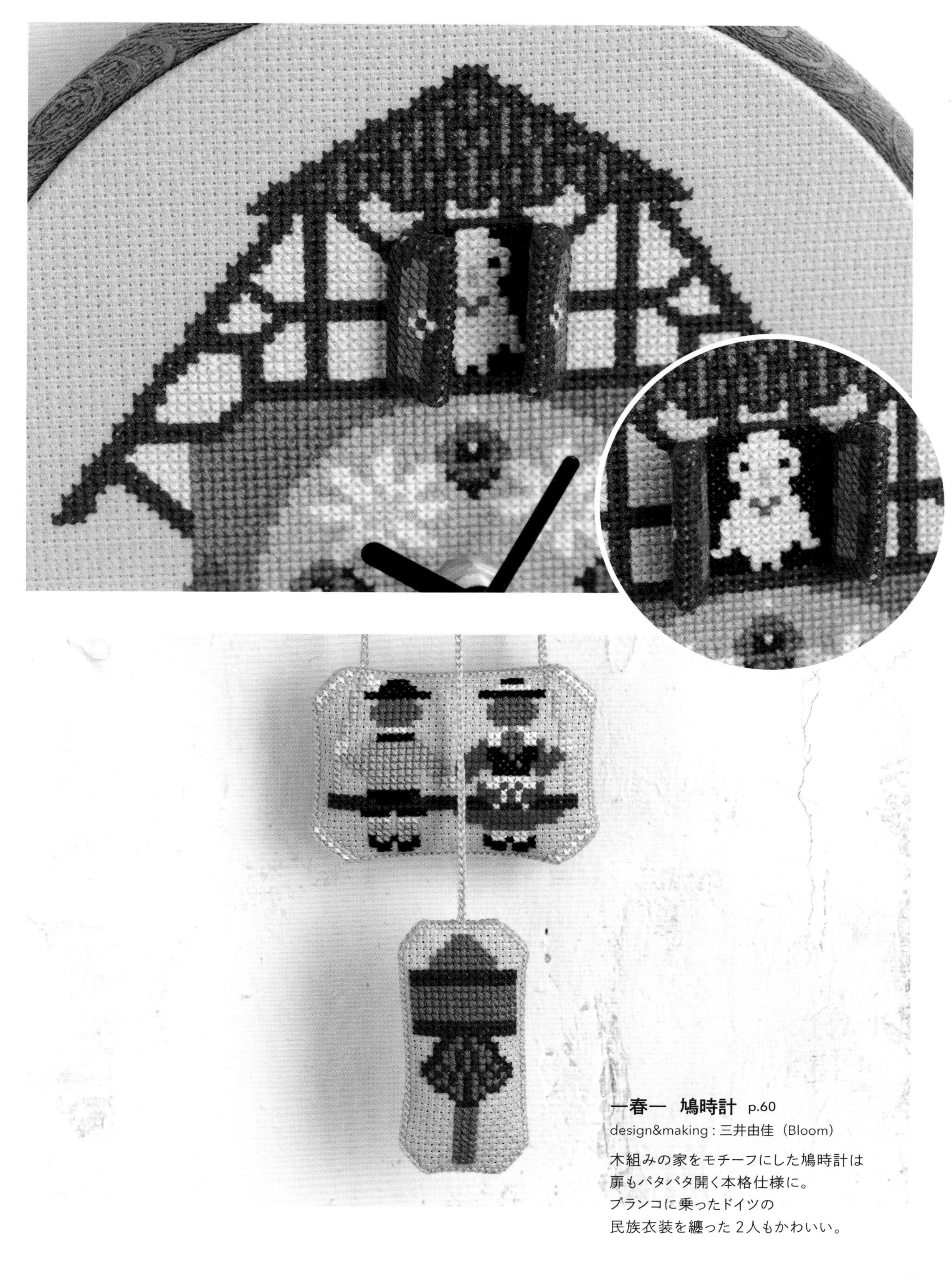

一春一　鳩時計 p.60

design&making : 三井由佳（Bloom）

木組みの家をモチーフにした鳩時計は
扉もパタパタ開く本格仕様に。
ブランコに乗ったドイツの
民族衣装を纏った２人もかわいい。

一夏一　飛行船 p.63

design&making : 橋倉りえ子（CRIE* CRIE）

夏の気持ち良い青空を飛行船に乗って旅行中。
くろねこちゃんは、はじめての空の旅。
身を乗り出して景色を楽しんでいます。

18 Autmun

ー秋ー　おやすみくま p.65

design&making : 平泉千絵（happy-go-lucky）

心地のよい秋の夜長には、
お月さまの下で雲のブランコに乗って
すやすや……。

一冬一　ホリデー p.66

design&making : 加納博子

家族と過ごしたいホリデーシーズンには、
終わりがない丸い形に「永遠」の意味を込めたリースを。
ミニオーナメントをたくさんぶら下げて、ゴージャスに。

Chapter 2
Gift stitch
おくりものステッチ

20

バレンタイン p.74
design&making : 渡部友子

オトナな甘さでまとめたチョコレートモチーフは、
おくりものにも自分へのご褒美にもぴったり。

母の日 p.68
父の日 p.69
design : 加納博子
making : 21. 加納春子　22. 石塚美保子

お母さんには両手いっぱいの感謝の気持ちを。
いつもは言わないけど、
お父さんのことほんとはヒーローだと思ってるよ。

23

女の子 p.70

design&making : アズママイコ

お誕生日や記念日におくりたい女の子&男の子モチーフ。
カバーのアルファベット&数字を組み合わせてステッチすれば、より特別なおくりものに。
女の子にはときめく魔法のステッキ、お人形を。

男の子 p.71

design&making : アズママイコ

男の子には憧れの戦隊ものモチーフを。
変身ベルトに正義のヒーロー、
パステルカラーでステッチすれば
怪獣までも可愛らしく見えてきます。

25

ハンバーガーを作ろう p.72

design&making：宗のりこ

バンズにトッピングを１枚１枚丁寧に重ねて……。
あれ？ 下の子はひと仕事終えて休憩中？

26

27

ナポレオンパイ p.75
フルーツサンド p.75
design&making : 宗のりこ

「どうぞめしあがれ!」
愛らしいおやつには、
スイーツの妖精が隠れているかも?

カフェラテ ーアイスキューブはおいくつ?ー p.76

design : 宗のりこ
making : Tae *

ご主人様のお好みに合わせてアイスキューブをリレー中。
カフェタイムの影では、
小人たちががんばっているかもしれません。

コーヒー —ミルクはいかほど?— p.77

design : 宗のりこ
making : Tae *

「もうちょっと？」「少し甘いのがいいな。」
そんな会話が聞こえてきそう。

30

フラワースクエア ーバラー p.78

design&making : 渡部友子

青いバラの花言葉は「奇跡」「夢が叶う」。
背中を押したいあの人へのおくりものにもおすすめです。

31

フラワーサークル ―チューリップ― p.79

design&making：渡部友子

色とりどりの花が咲き誇る
チューリップが主役の春爛漫なモチーフ。
正方形のフレームに余白をとって額装しても素敵。

Embroidery thread
刺しゅう糸の紹介

DMC25番刺しゅう糸色見本

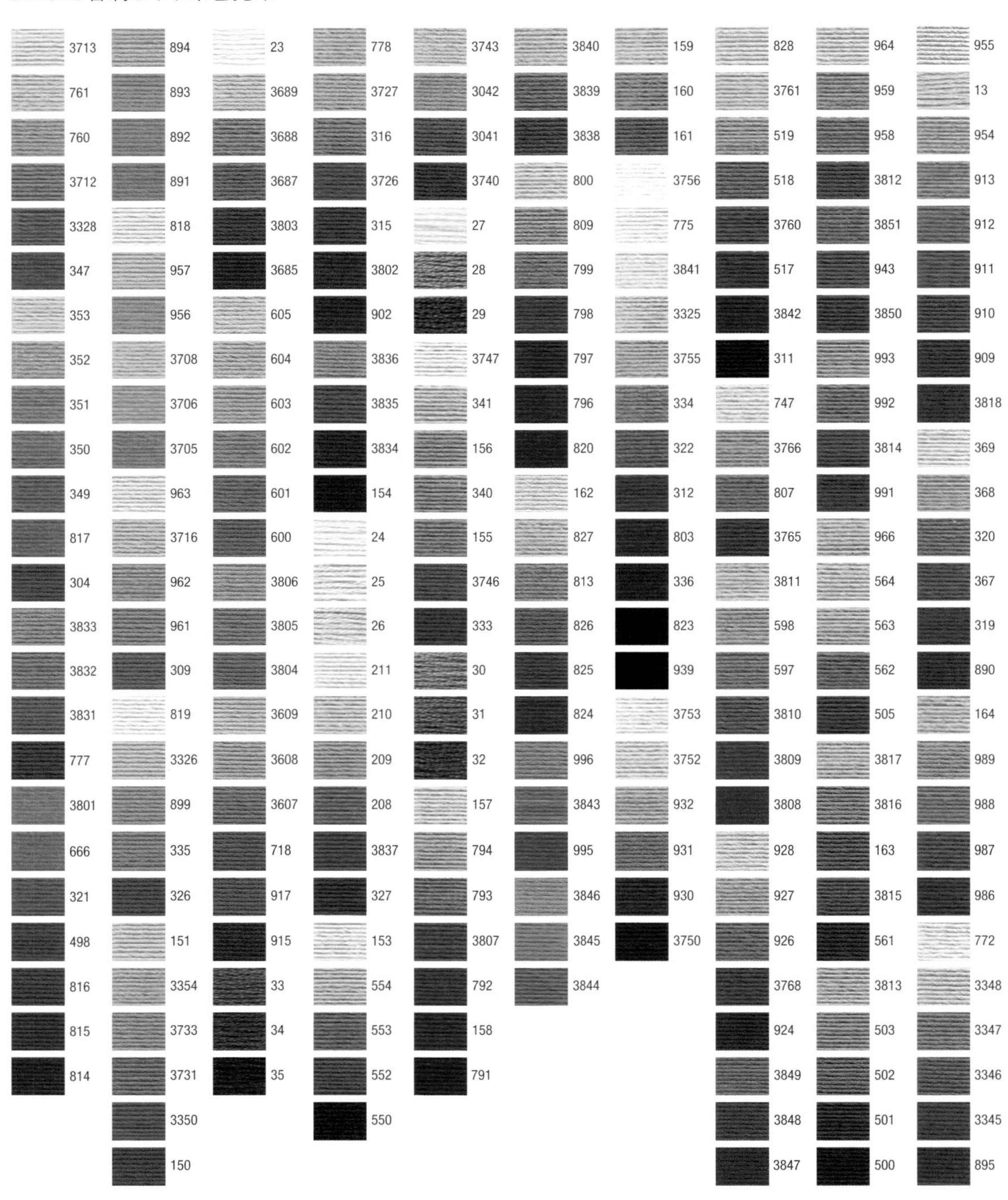

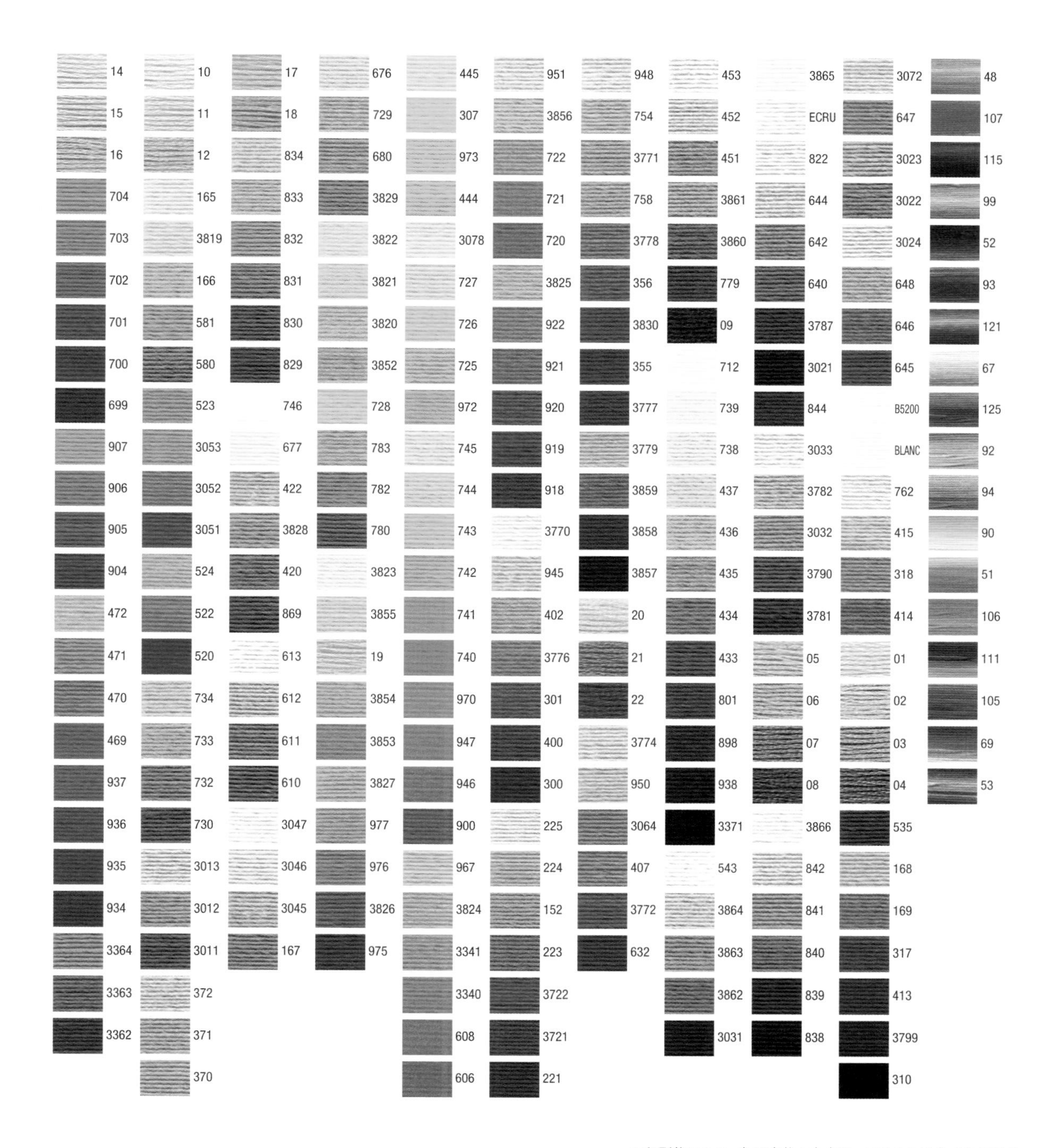

＊印刷物のため、色は実物と多少異って見える場合があります。
＊2023年2月現在のものです。

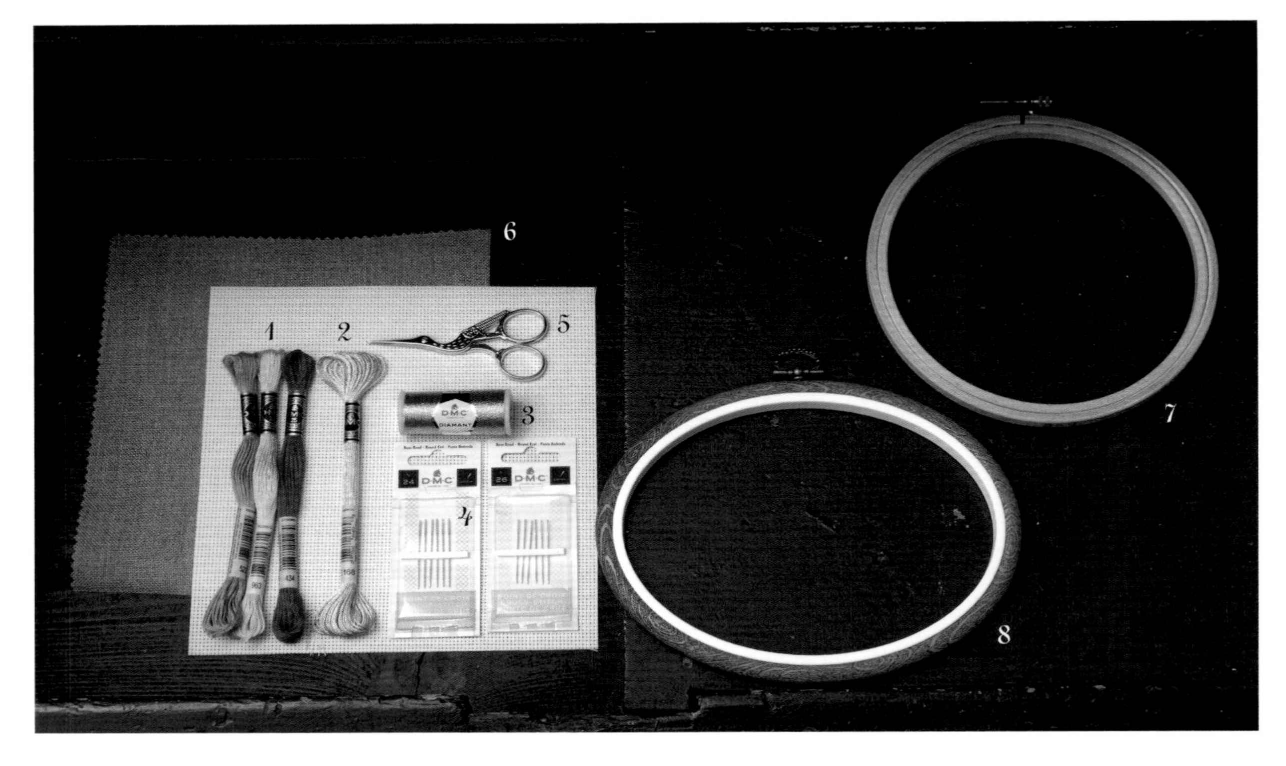

用意するもの ―材料と道具―

1. **25番刺しゅう糸**
もっとも一般的によく使われている糸で、綿で適度な光沢があり、色数が豊富。6本の糸がゆるく撚り合わされて束になっているので、1本ずつ引き出して、引き揃えて使う。

2. **ライトエフェクト糸**
光の効果で作品を美しく輝かせる糸。短めの糸でステッチするともつれにくく、きれいに仕上がる。

3. **ディアマント（メタリック糸）**
1本（3本撚り）が25番糸（2本どり）と同等程度の太さで、本書では1本で使用している。上品で豪華な輝きと、滑らかな刺し心地が人気。

4. **クロスステッチ針**
針先が丸まっているので、キャンバス地の穴や布地の織り目に引っ掛かることなくスムーズにステッチできる。

5. **糸切りはさみ**
刺しゅう糸を切るのには、切れ味がよく小回りがきく糸切ハサミが便利。

6. **刺しゅう用布**
クロスステッチには縦横の織目が同比率で数えやすい刺しゅう用布がおすすめ。

7. **刺しゅう枠**
布をピンと張った状態で刺すために使う。内枠に布を巻いておくとセットした刺しゅう布が緩みにくくなる。

8. **フレーム**
外枠はゴム製でピタッとハマる。縦長にも横長にも使える。

作品の裏表

《表》

《裏》

同じ色で刺し進める場合は、P34を参照し、裏で糸が縦か横に進むようにして、斜めに糸が渡らないようにする。糸始末は表に糸が響かないように気を付ける。

刺し始める前に

◎布目の粗さ

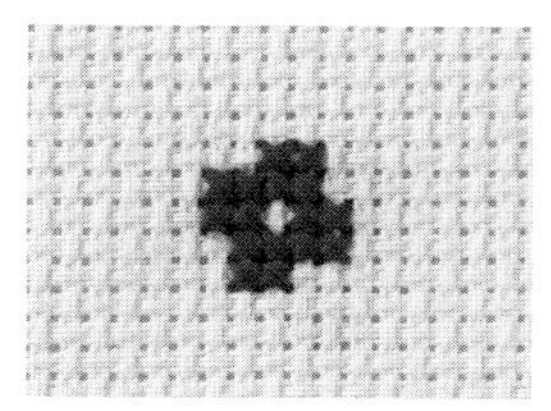
アイーダ 14ct

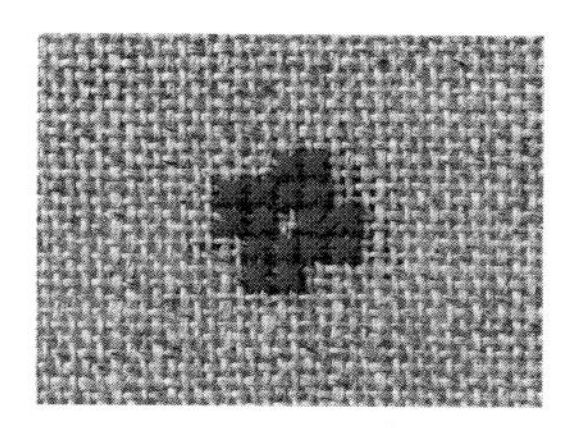
リネン 28ct

布目の粗さを「カウント(ct)」と表すことが多い。カウント数の数が多くなるほど布目は細かくなる。1ブロックを1目と数えるブロック織のアイーダ14ctと織り糸2本ずつを1目と数える平織のリネン28ctは、図案は左写真のように同じサイズに刺しあがる。使用する布によって、作品の風合いも変わるため、仕上がりの好みに合わせて布を選ぶとよい。

◎布について

1. 布目に沿って必要なサイズに布をカットする。(額装する場合は、余白を残す)

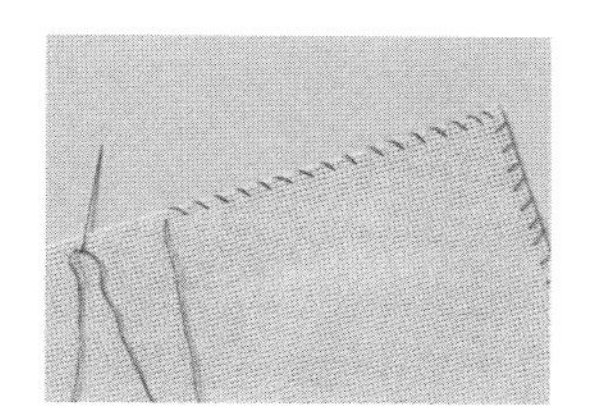
2. 布端がほどけやすい場合は、縁を巻きかがる。

3. クロスステッチは中心から刺し始めることが多いので、布を四つ折りにして中心を決める。

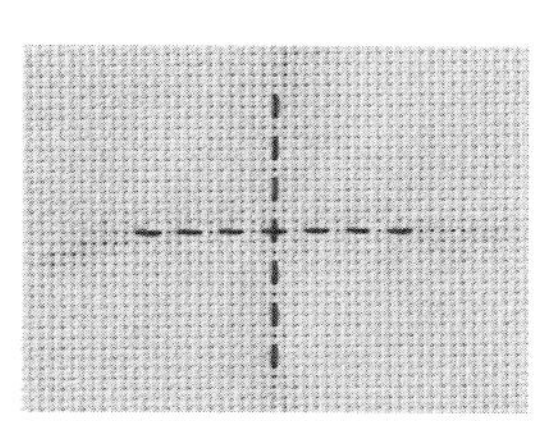
4. 織り目に合わせて、布の中心に目印として粗く十字を刺す。

◎ 25番刺しゅう糸の扱い方

束から糸端を引き出し、約50㎝の長さに切る。

切った糸端をほぐし、1本ずつ必要な本数を引き出す。

必要本数を合わせた糸の糸端を揃える。

ラベルの数字は色番号。買い足すときに必要になるので、最後までつけておくとよい。

Point Lesson

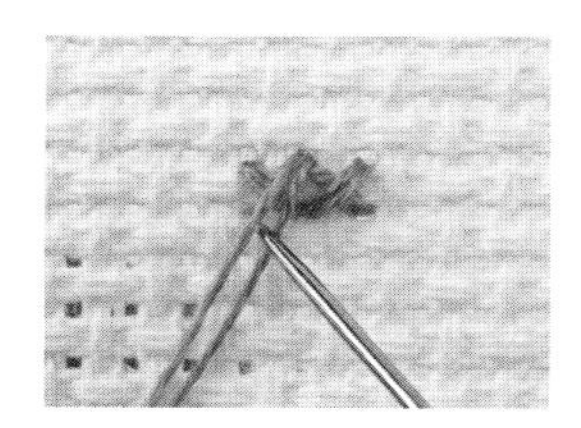

クロスステッチをより美しく仕上げるには、糸がきれいに並ぶように刺すことが大切。針先で糸を割って、よじれを整えると美しく仕上がる。

基本のステッチ

《クロスステッチ》

※1つの作品の中では目の重なり方向（／or＼）が同方向になるように刺す

◎横に進むとき

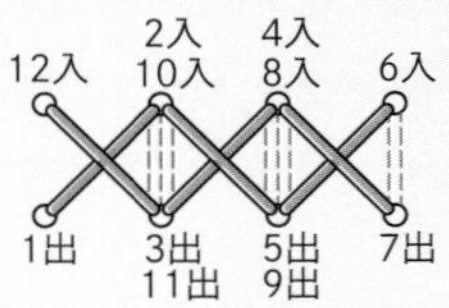

裏は糸が縦に並び、斜めに
糸を渡さない進め方

◎1目ずつ横に進むとき

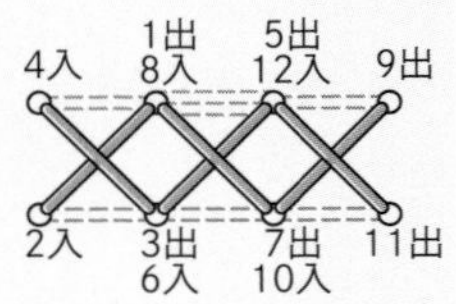

裏は糸が横に並び、斜めに
糸を渡さない進め方

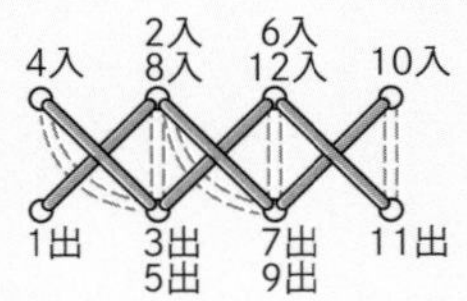

目の粗い布でも、1目1目を
ふっくら刺す進め方

◎縦に進むとき

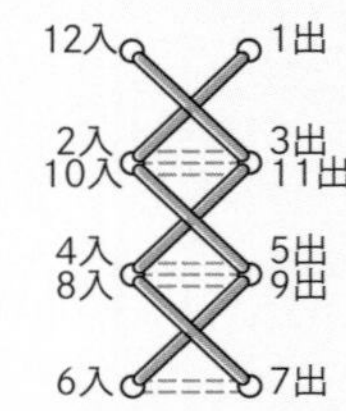

裏は糸が横に並び、斜めに
糸を渡さない進め方

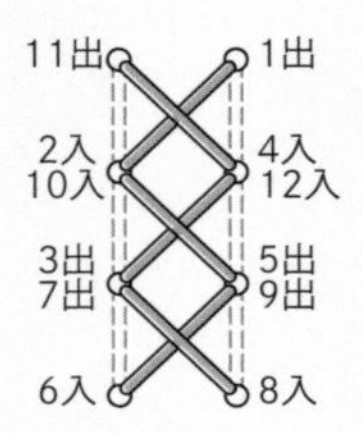

裏に厚みを出さない、縦に
糸が並ぶ進め方

◎1目ずつ縦に進むとき

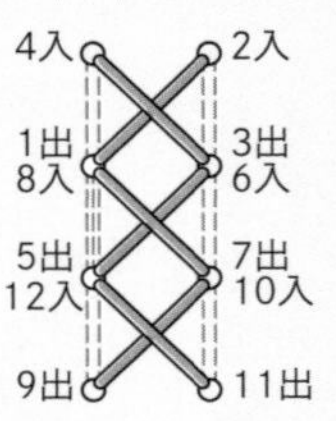

目の粗い布でも、1目1目ふっくら
して、裏は糸が縦に並ぶ進め方

◎斜め下に進むとき

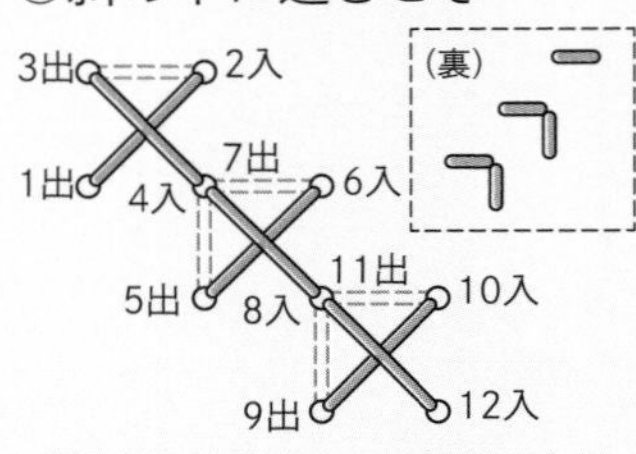

裏に厚みを出さない、斜めに糸を
渡さない進め方

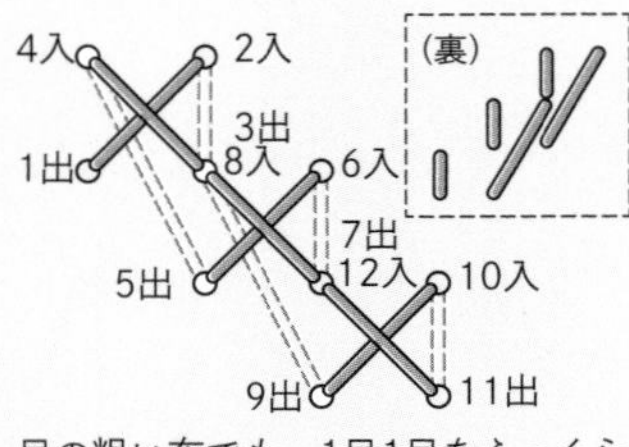

目の粗い布でも、1目1目をふっくら
刺す進め方

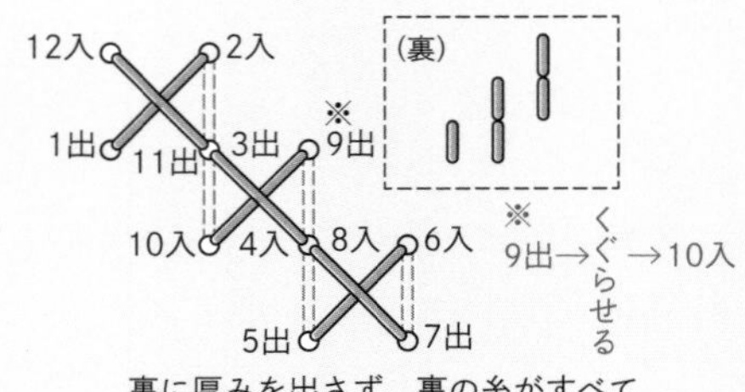

裏に厚みを出さず、裏の糸がすべて
縦に並ぶ進め方

◎スリークオーターステッチ（スリークオーターS）

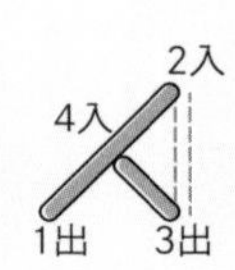

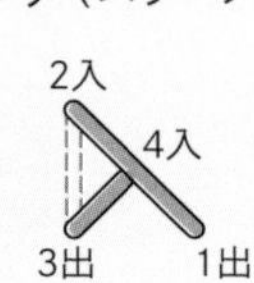

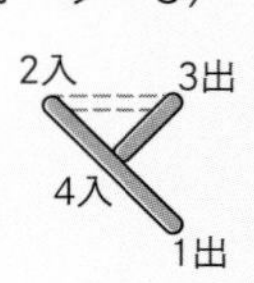

◎ハーフクロスステッチ（ハーフS）

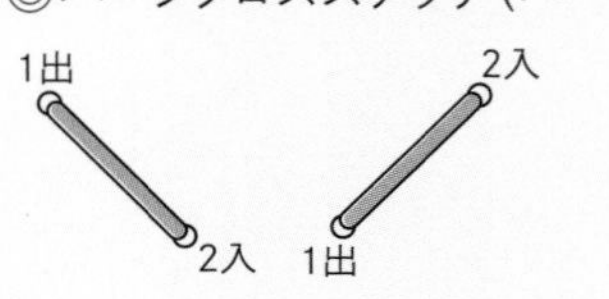

※(　)内は図案内での表記

《ダブルクロスステッチ》

4入　2入　7出

5出　6入

1出　3出　8入

《バックステッチ(B)》

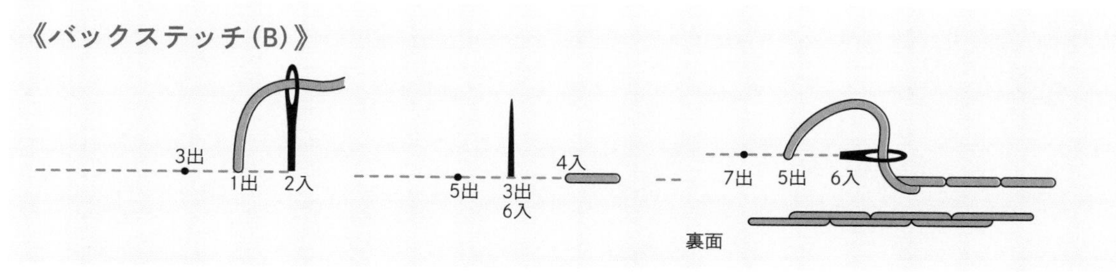

《ストレートステッチ(S)》

《フレンチノットステッチ(F)》

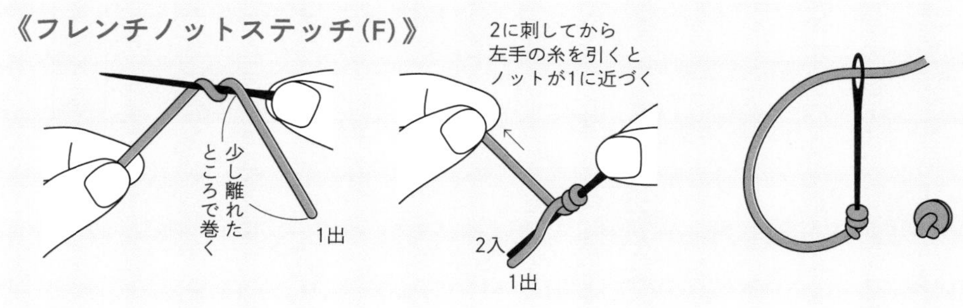

《フライステッチ(フライS)》

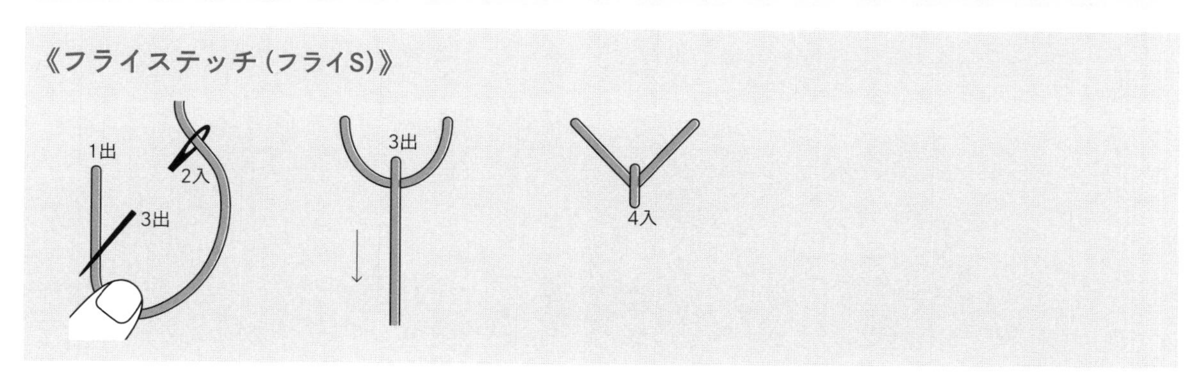

仕上げの方法

◎四角フレームで仕上げる

《刺しゅう布》

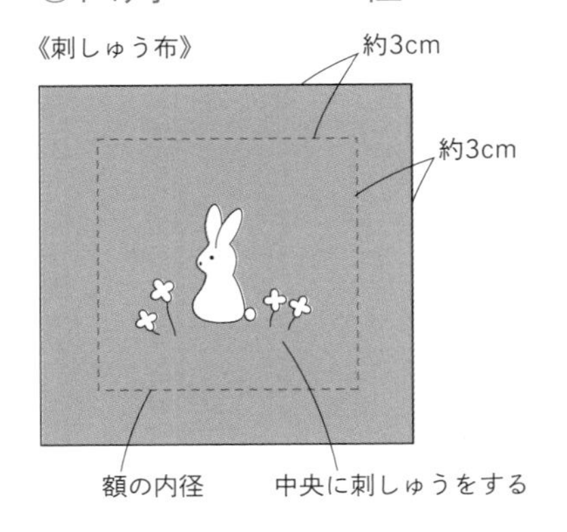

《厚紙》

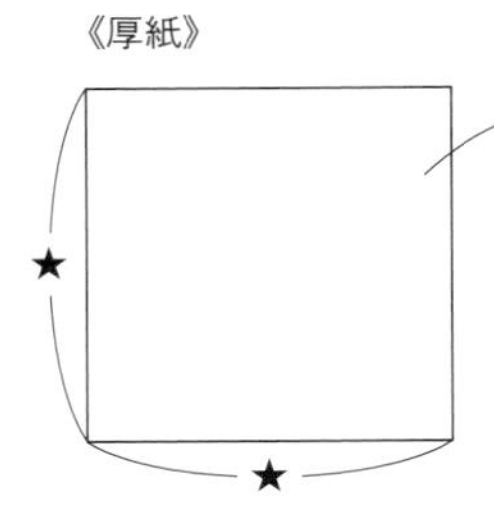

厚紙は刺しゅう布の色に近い色が望ましい。それ以外の色の厚紙を使用する場合は、刺しゅう布を当ててみて、地色が透けるようなら、白い紙を貼る。

★＝額の内径－2～3mm

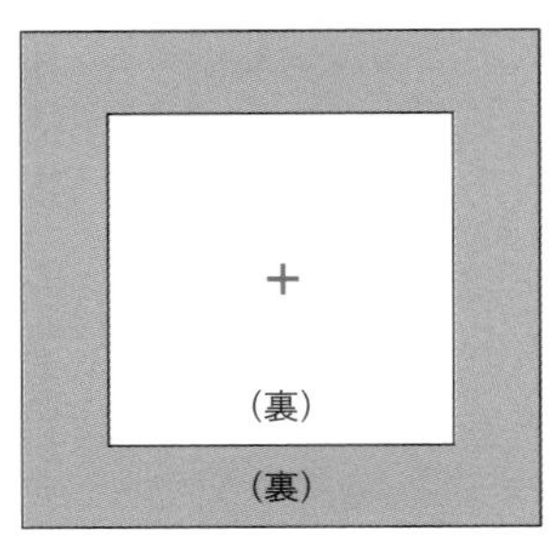

① 刺しゅう布の中心に厚紙の中心を合わせて置く。

② 刺しゅう布を中心に向かって折り、中心から上側に向かって左右の布に交互に糸を渡す。

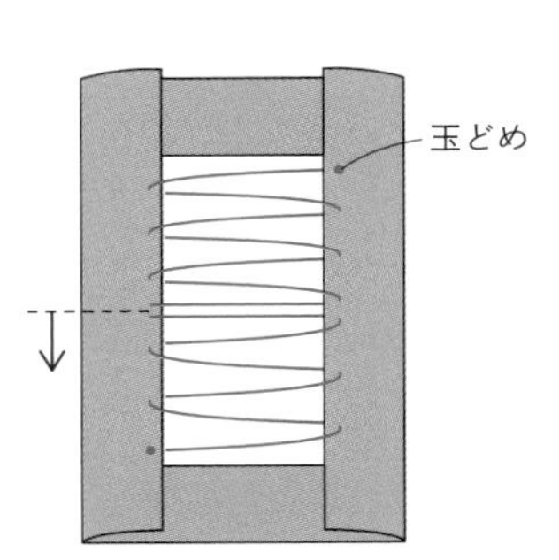

③ 端まで糸を渡したら、糸を引き締めて、玉どめをする。下側も同様に糸を渡す。

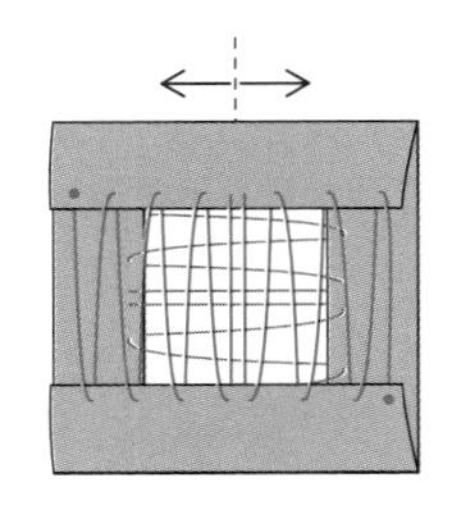

④ 上下の布にも同様に糸を渡し、布を均等に引き締めて玉どめをする。

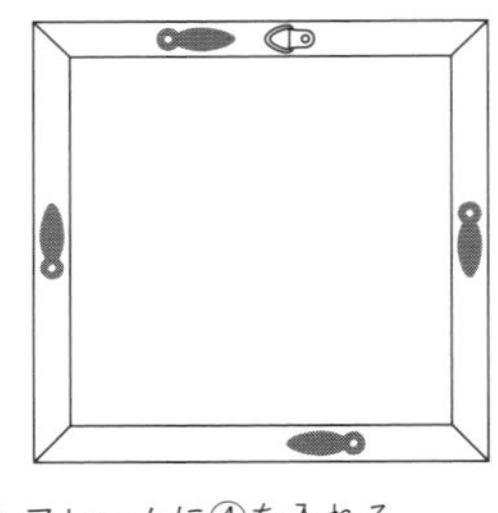

⑤ フレームに④を入れる。

完成

Point Lesson

刺しゅう作品よりも大きい額に額装する場合は、額縁店などでマット加工をするのもおすすめ。マットの色や風合いによって、作品の見え方が変わる。

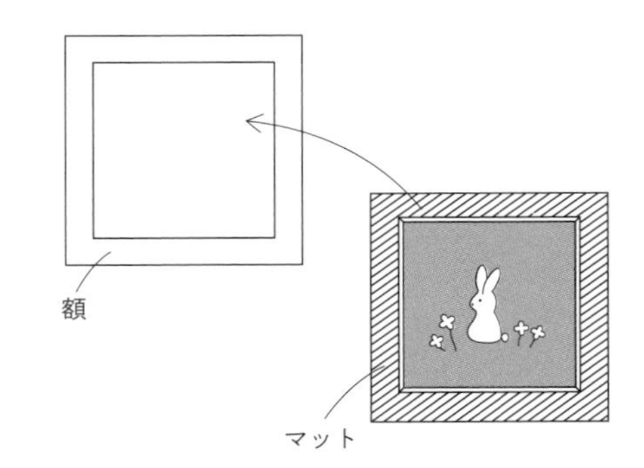

◎刺しゅう枠・丸フレームで仕上げる

《刺しゅう布》

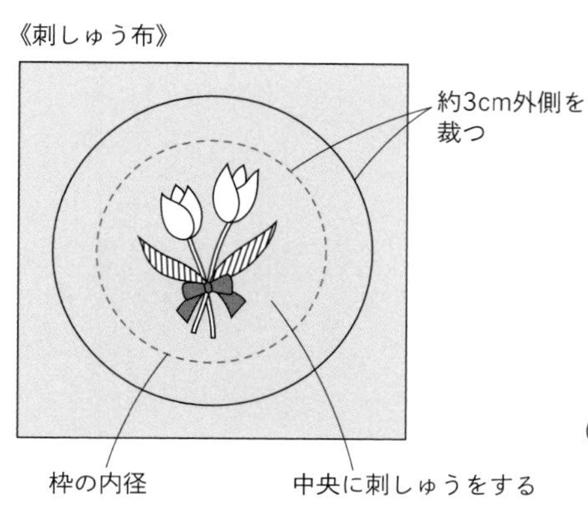

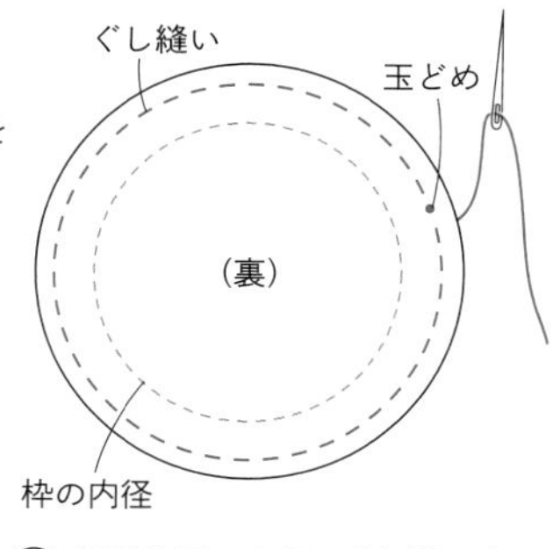

① 周囲を図のようにぐし縫いする。

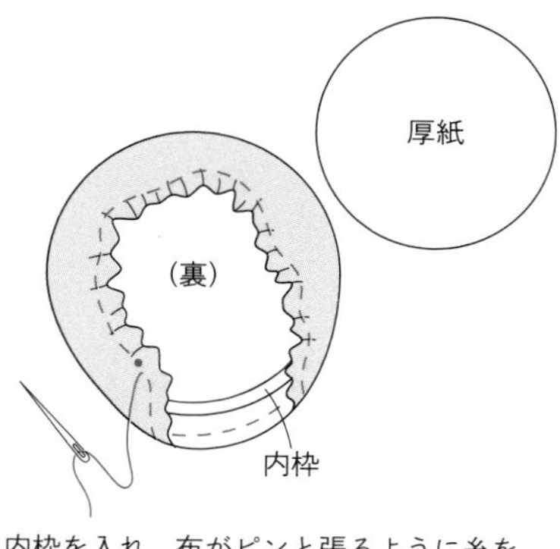

② 内枠を入れ、布がピンと張るように糸を引きしぼり、玉どめをする。淡い色やリネンなど布が透けが気になる場合は、内径よりひとまわり小さい厚紙を入れる。(刺しゅう布と枠の間に不織布をはさんでも良い)

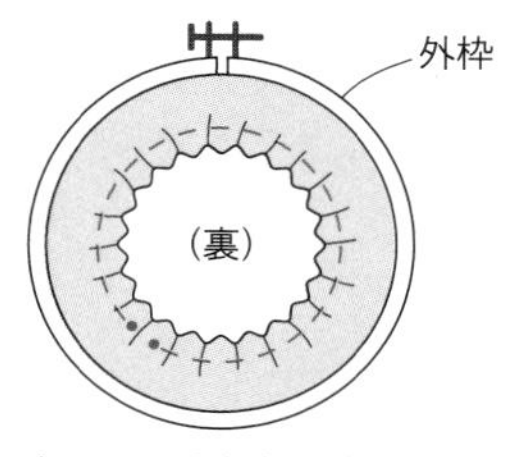

③ 表面の天地左右を確認しながら外枠に入れる。

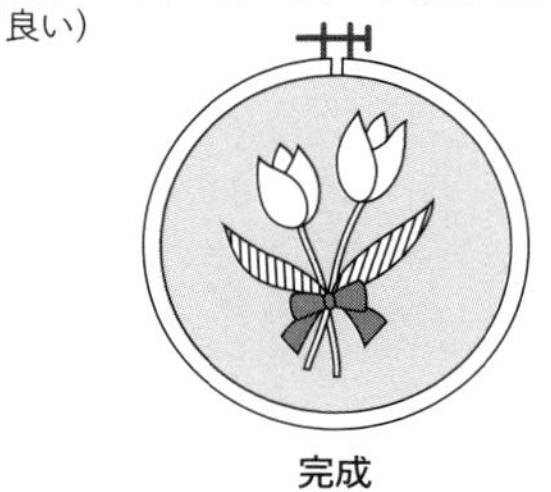

完成

◎フレームの裏を仕上げる

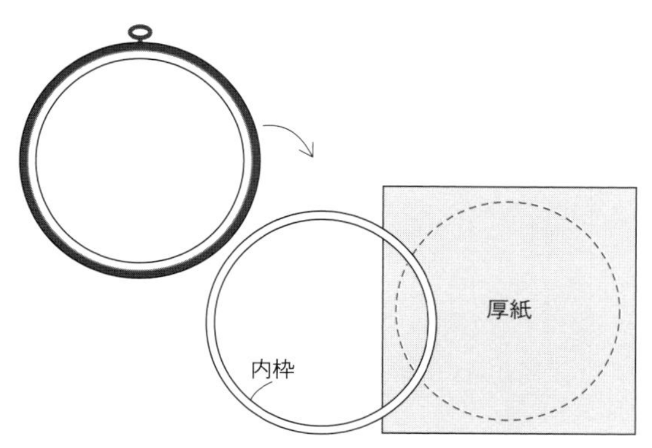

① フレームの内枠の外径を厚紙に写し、厚紙を切り取る。

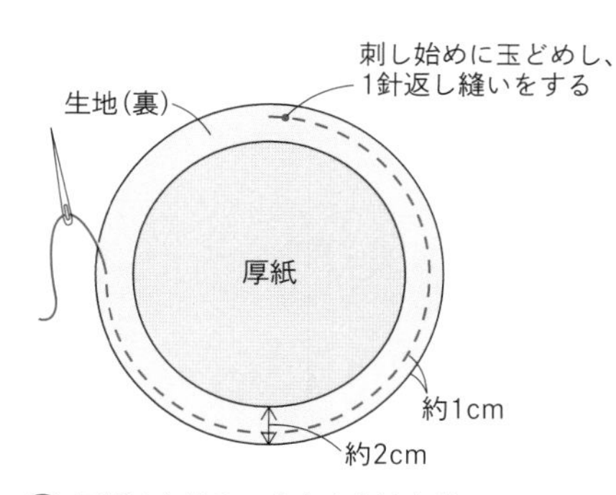

② 厚紙より約2cm大きく生地を裁つ。周囲の端から約1cm内側をぐし縫いし、厚紙を包み込む。

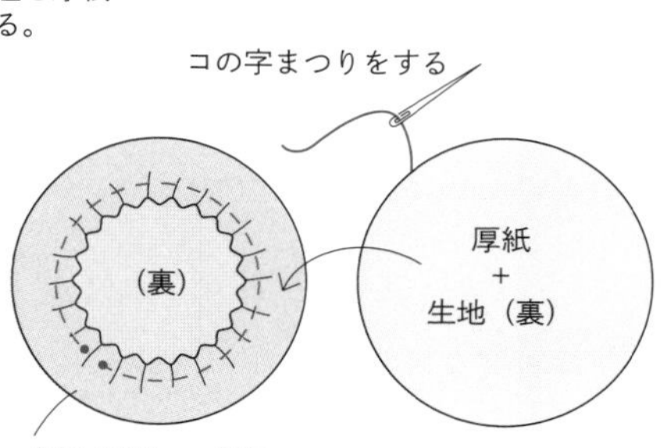

③ 刺しゅう布を内枠にセットし、上から②の生地で包んだ厚紙をコの字まつりで縫い付ける。

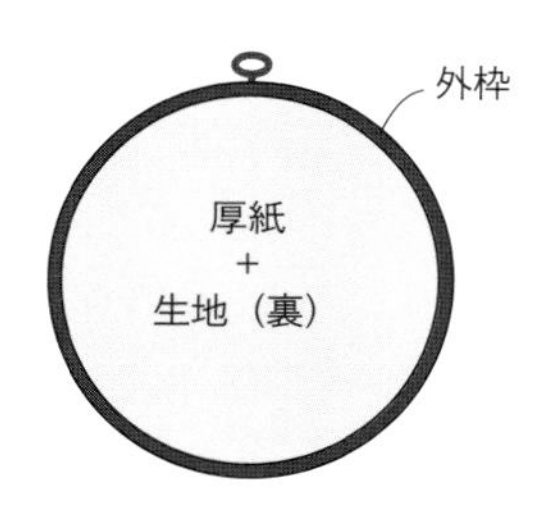

④ 外枠に③を入れる。

◎刺しゅう枠をアレンジする

・バイアステープやリボンを巻く

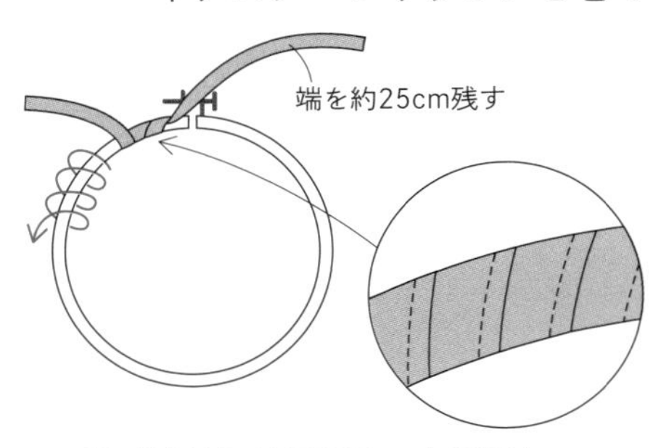

① 巻きはじめは両面テープで固定し、リボンまたはテープが少しずつ重なるように巻きつけていく。

② 巻き終わったら金具の前でリボンまたはテープを結ぶ。

③ リボン結びをして、端をお好みの長さにカットする。

・かわいい紐やリボンでつるす

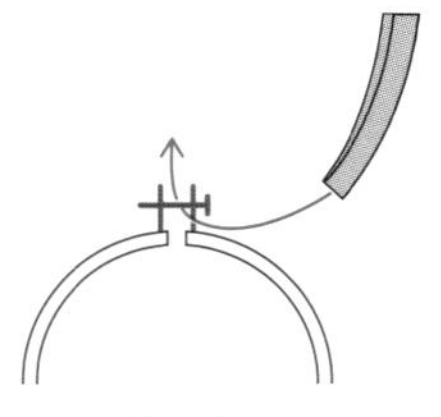

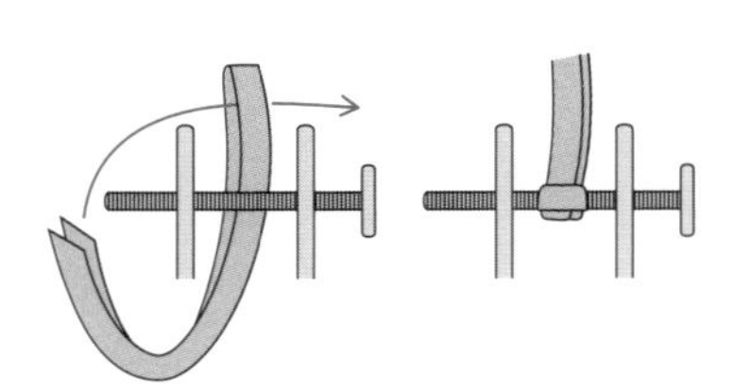

① 刺しゅう枠の留め具に2つ折りにしたリボンを通す。

② 図のように留め具に結びつける。

③ 端を固結びして完成。

◎16〜19オーナメント作品を1つの額に仕上げて楽しむ

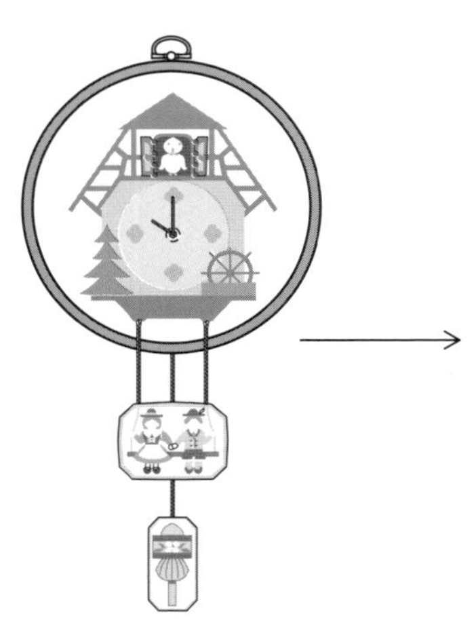

吊るし紐は類似色または指定の色番号の刺しゅう糸でステッチし、ぶら下がりモチーフは巻きかがりのステッチをせずに、クロスステッチ図案のみを刺して仕上げる。

アイロンのあて方

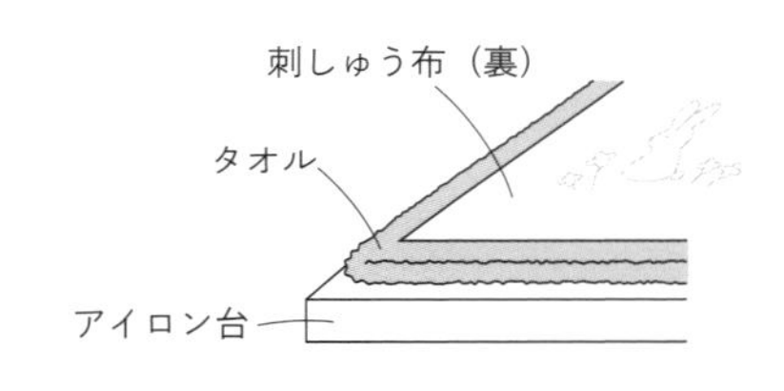

布の裏から霧吹きで刺しゅう布をしっかりと湿らせる。刺しゅうを潰さないよう気を付けながらアイロンをやさしく置くように移動させ、布目を整えながら仕上げる。

How to stitch
―図案―

1 動物とファッション　—春— はりねずみの仕立て屋　photo...p.4

- ●**図案サイズ**　約縦15.5cm×横10.7cm
- ●**布**　DMCリネン28ct(B5200)
- ●DMCフレーム(楕円形)MV0034/175(WHITE)　内径約17.5cm×13cm

※フレームの仕上げ方はp.37参照

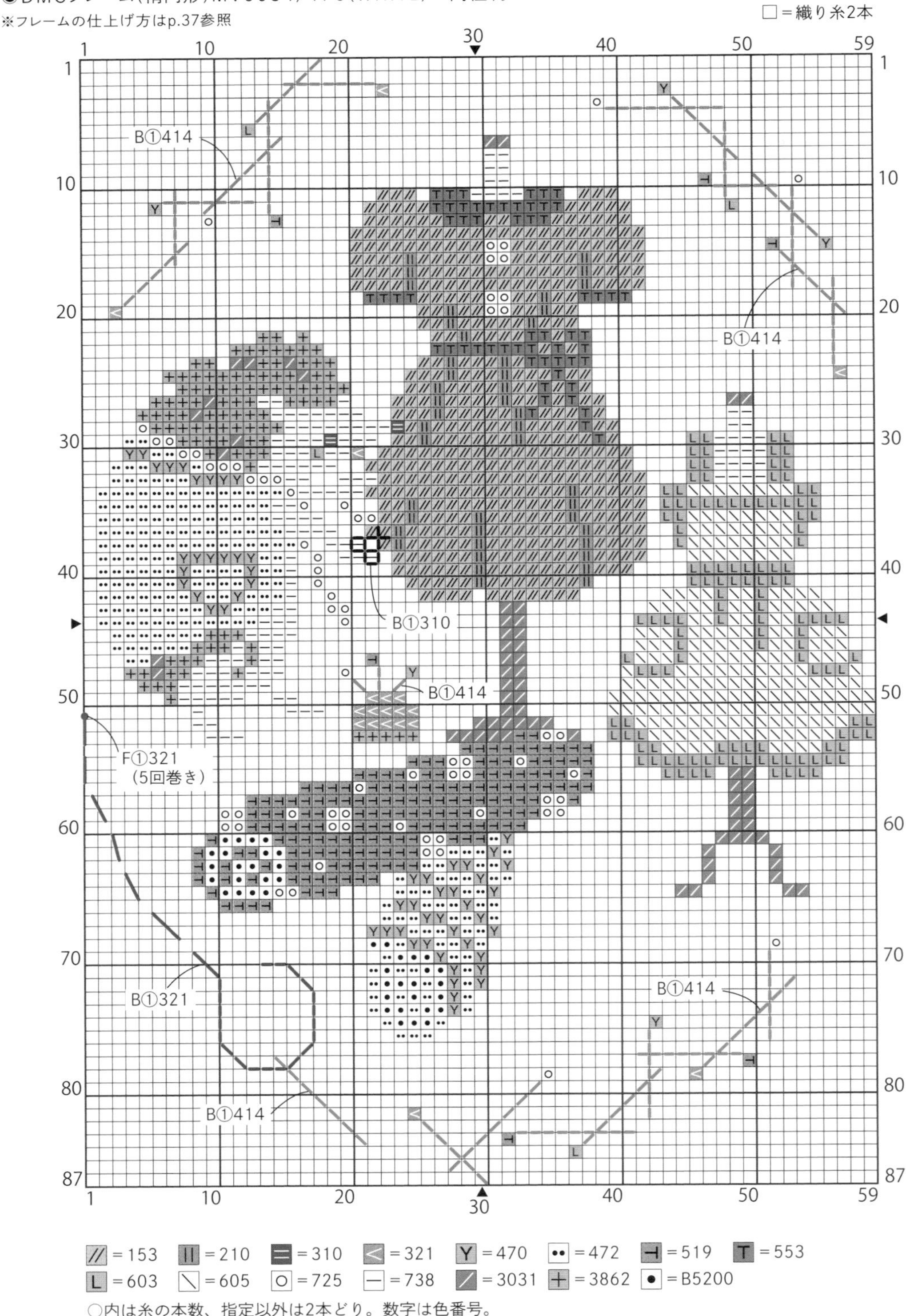

2 動物とファッション　—夏— スイムウエアのねこ　photo...p.4

●**図案サイズ**　約縦11.2cm×横10cm
●**布**　DMCリネン28ct(842)
●DMCフレーム(楕円形)MV0034/135(WHITE)　内径約13.5cm×10cm
※フレームの仕上げ方はp.37参照

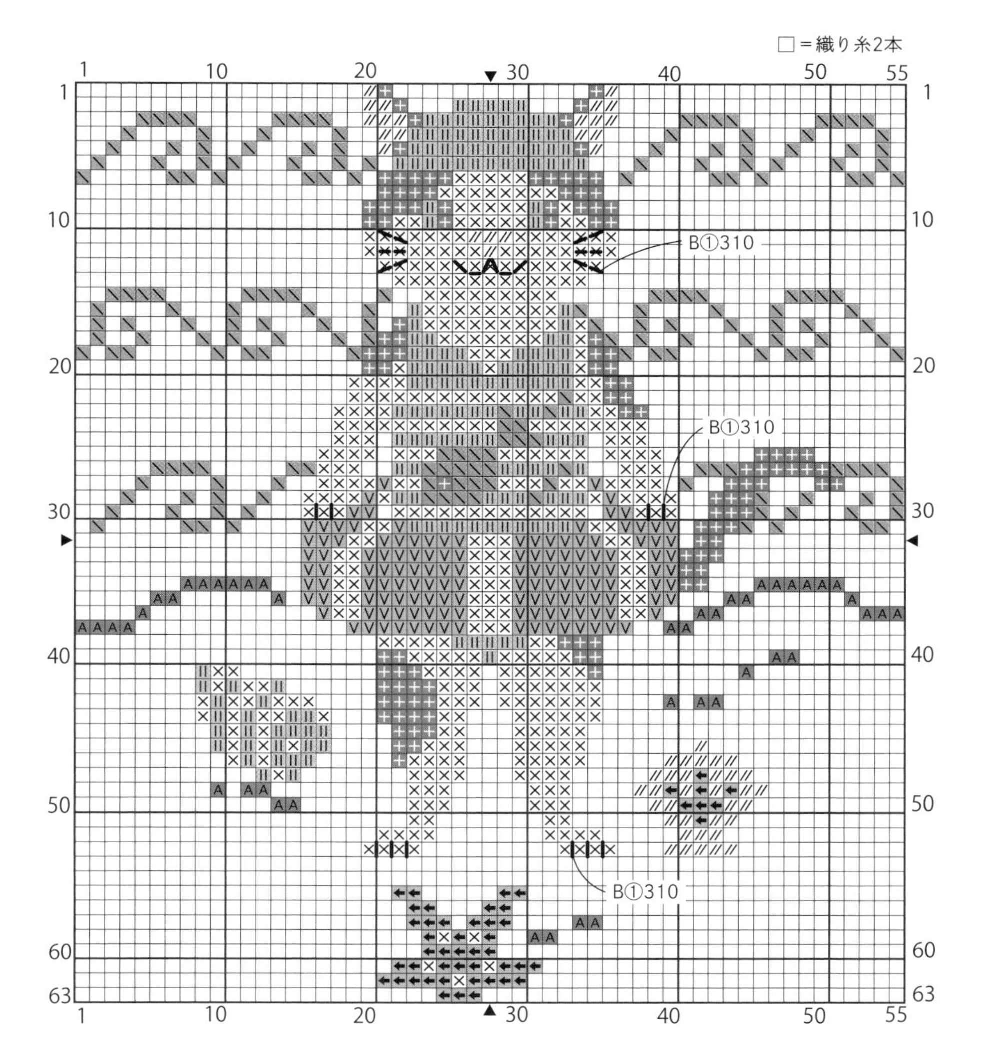

||=307　+=310　←=351　//=353　A=420　V=740　\=827　×=B5200
○内は糸の本数、指定以外は2本どり。数字は色番号。

3 動物とファッション　—秋— うさぎの帽子屋　photo...p.5

●図案サイズ　約縦15.5cm×横10.7cm
●布　DMCリネン28ct(842)
●DMCフレーム(楕円形)MV0034/175(WOOD)　内径約17.5cm×13cm
※フレームの仕上げ方はp.37参照

<＝18　N＝310　||＝498　×＝505　T＝517　＼＝828　••＝838　—＝907
V＝922　Z＝3833　〓＝3865

○内は糸の本数、指定以外は2本どり。数字は色番号。

4 動物とファッション　一冬一 紳士ならいおん photo...p.5

●**図案サイズ** 約縦12.6cm×横9.3cm
●**布** DMCリネン28ct(B5200)
●DMCフレーム(楕円形)MV0034/135(WOOD)　内径約13.5cm×10cm
※フレームの仕上げ方はp.37参照

□＝織り糸2本

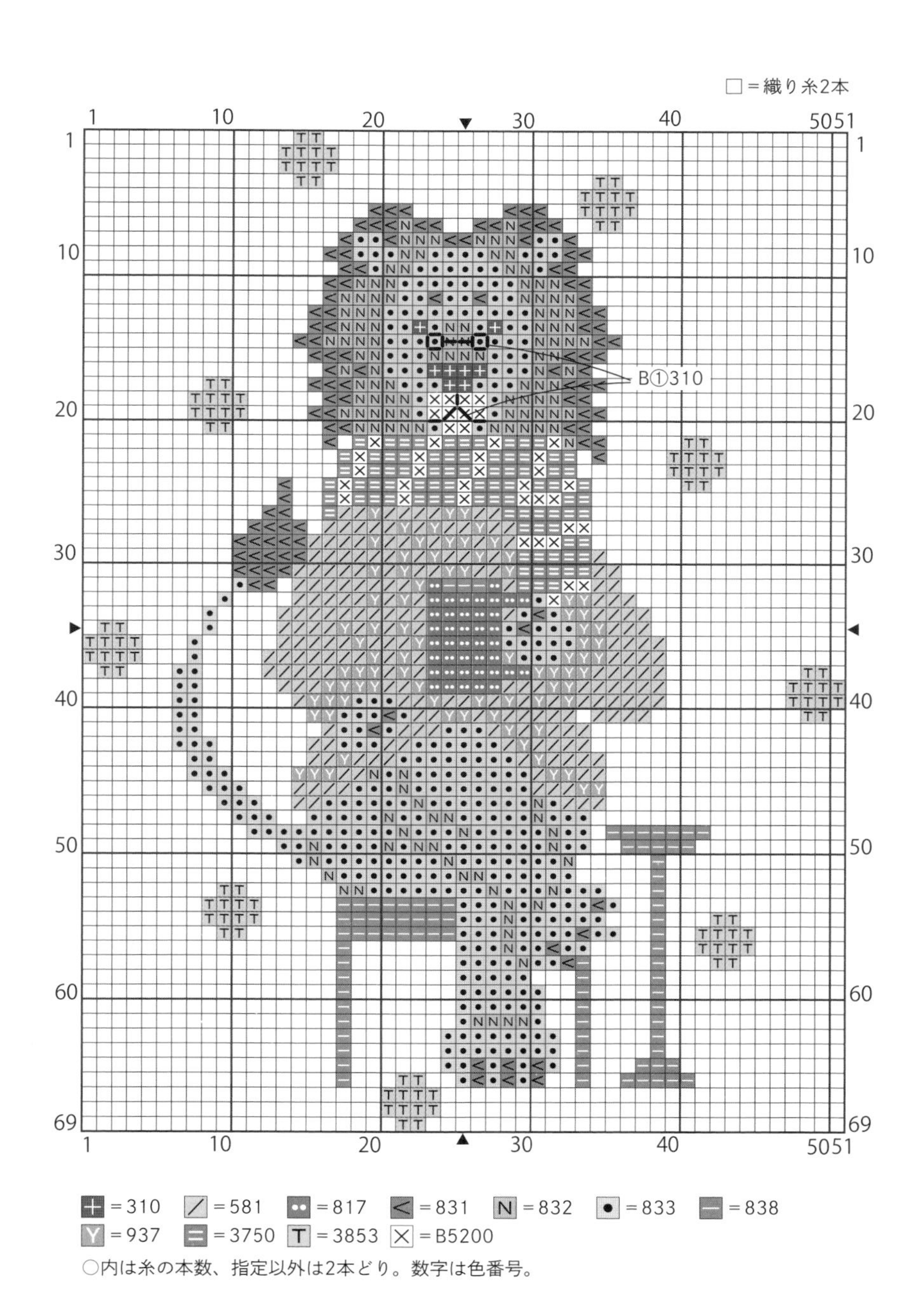

＋＝310　／＝581　••＝817　＜＝831　N＝832　●＝833　－＝838
Y＝937　＝＝3750　T＝3853　×＝B5200

○内は糸の本数、指定以外は2本どり。数字は色番号。

5 世界を旅する　ー春・冬ー ロンドン　photo...p.6

●**図案サイズ**　約縦24.2cm×横20cm
●**布**　DMCアイーダ14ct（963）
※フレームの仕上げ方はp.36参照

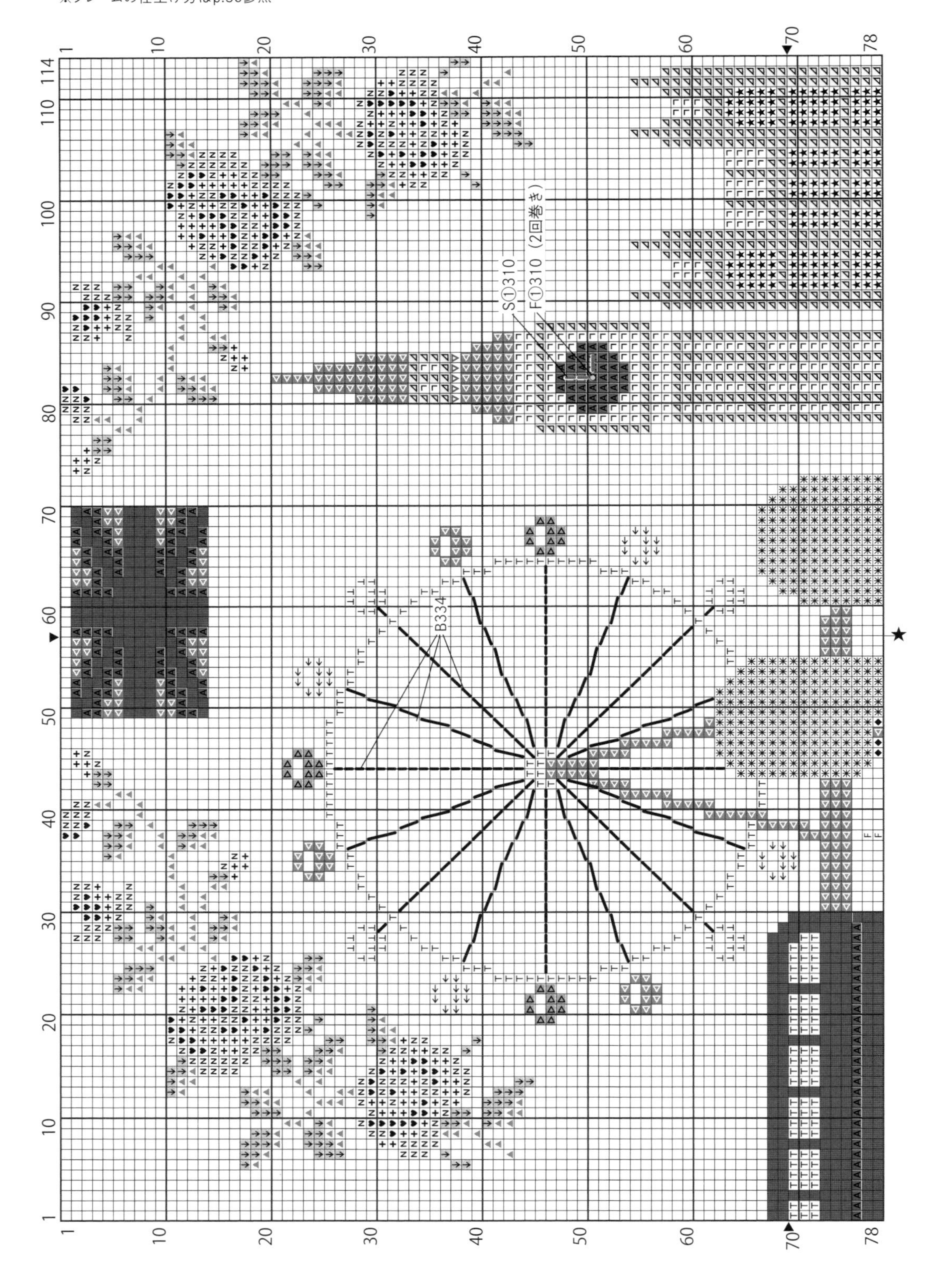

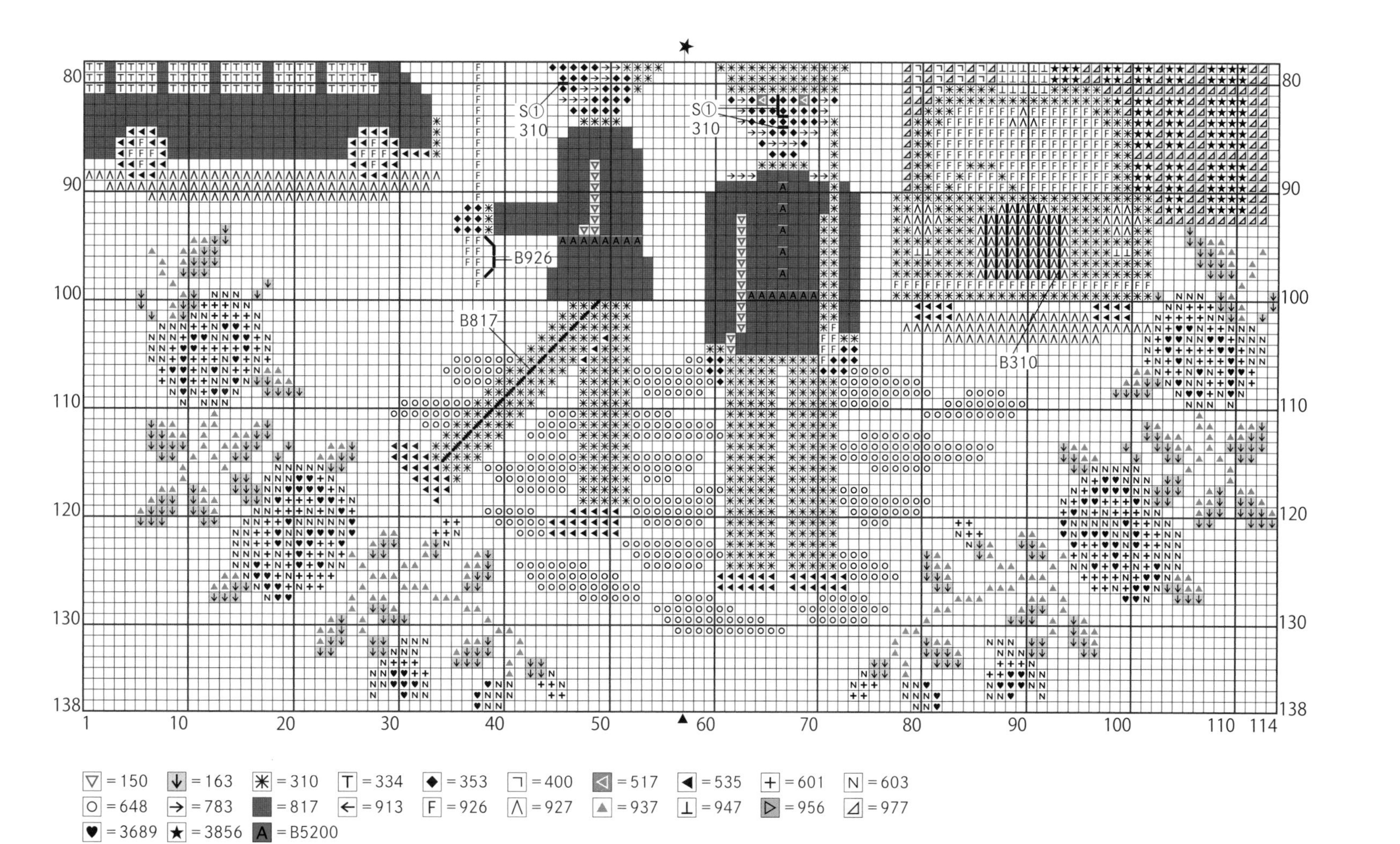

Symbol	Color	Symbol	Color	Symbol	Color	Symbol	Color	Symbol	Color
▽	=150	↓	=163	✳	=310	T	=334	◆	=353
¬	=400	◁	=517	◀	=535	+	=601	N	=603
○	=648	→	=783	■	=817	←	=913	F	=926
Λ	=927	▲	=937	⊥	=947	▷	=956	◿	=977
♥	=3689	★	=3856	A	=B5200				

○内は糸の本数、指定以外は2本どり。数字は色番号。

6 世界を旅する　ー夏ー ベネチア photo...p.7

●図案サイズ　約縦11.6cm×横12.2cm
●布　DMCアイーダ14ct(3813)
●DMCフレーム(円形)MV0033/130(WOOD)　内径約13cm
※フレームの仕上げ方はp.37参照

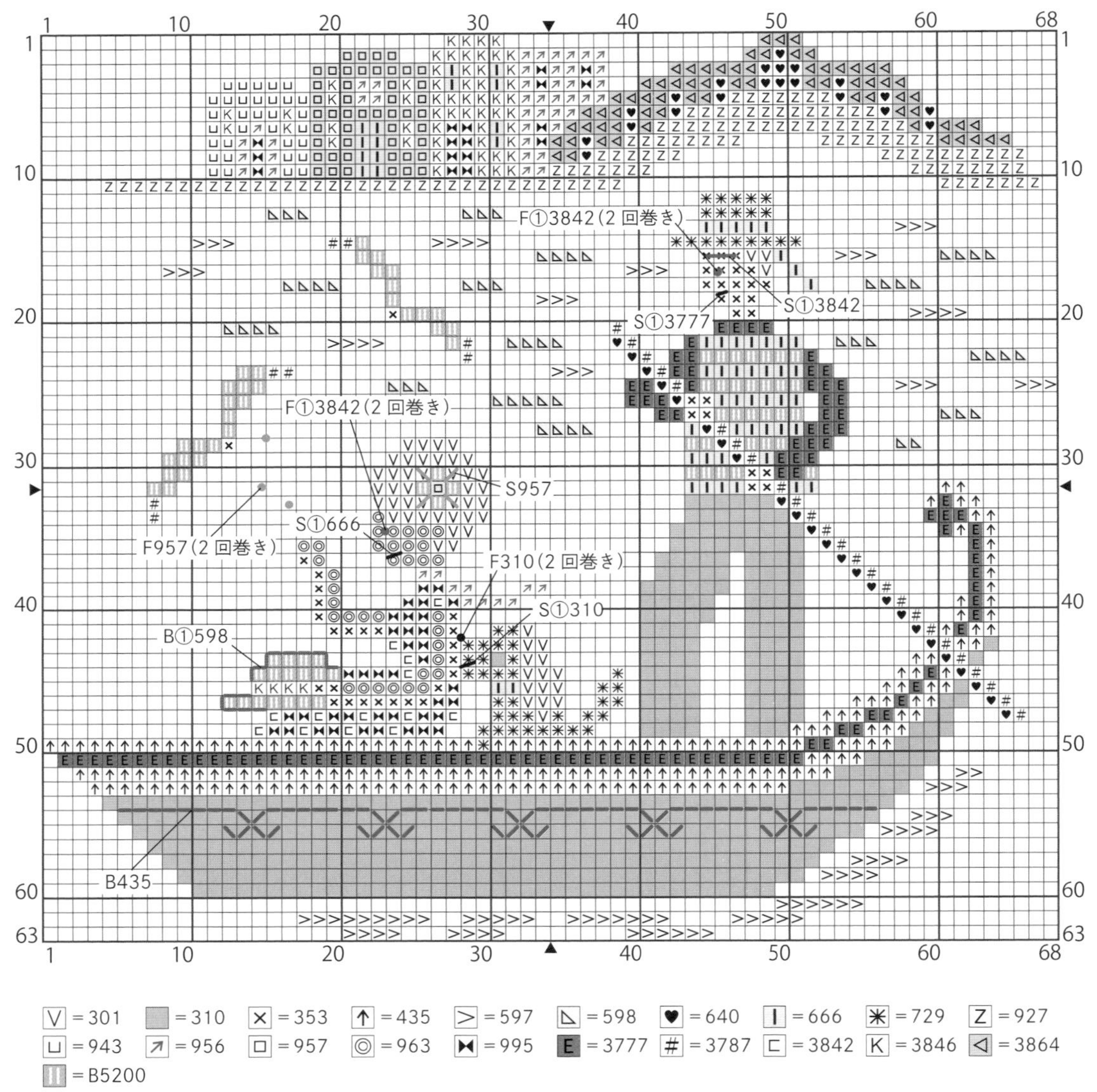

○内は糸の本数、指定以外は2本どり。数字は色番号。

7 世界を旅する　ー秋ー パリ　photo...p.7

●**図案サイズ**　約縦16.8cm×横17.8cm
●**布**　DMCメタリックアイーダ14ct(5282)
●DMCフレーム(円形)MV0033/175(WOOD)　内径約17.5cm
※フレームの仕上げ方はp.37参照

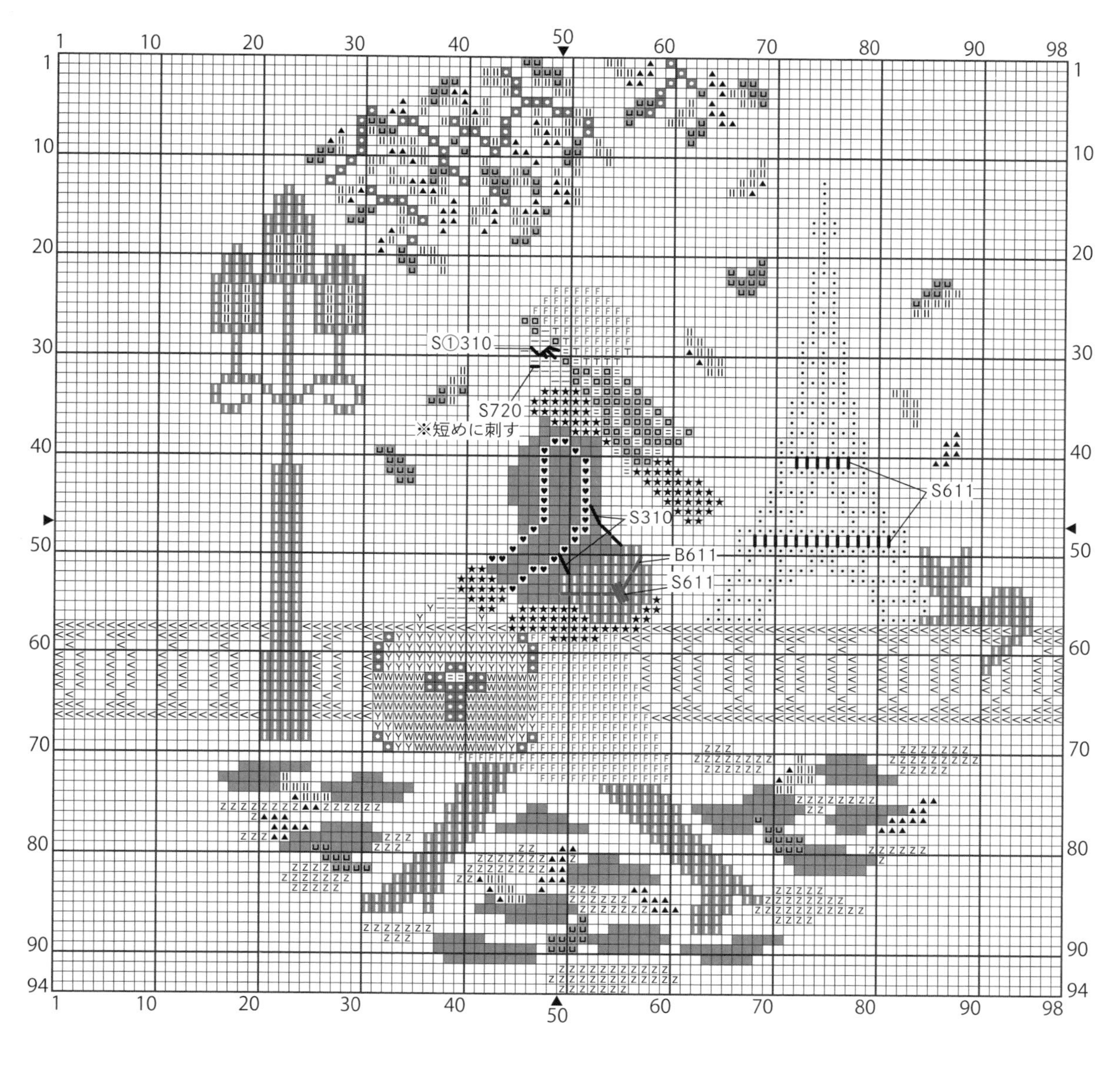

Y=301　▮=310　F=321　★=367　▲=420　■=524　•=611　ц=720　W=758　=̲=782
T=814　Z=834　—=967　||=972　<=3013　♥=3052　●=3781　◘=3852

○内は糸の本数、指定以外は2本どり。数字は色番号。

8 四季の少女　—春— クローバー　photo...p.8

●**図案サイズ**　約縦16.2cm×横16.4cm
●**布**　DMCアイーダ14ct(162)

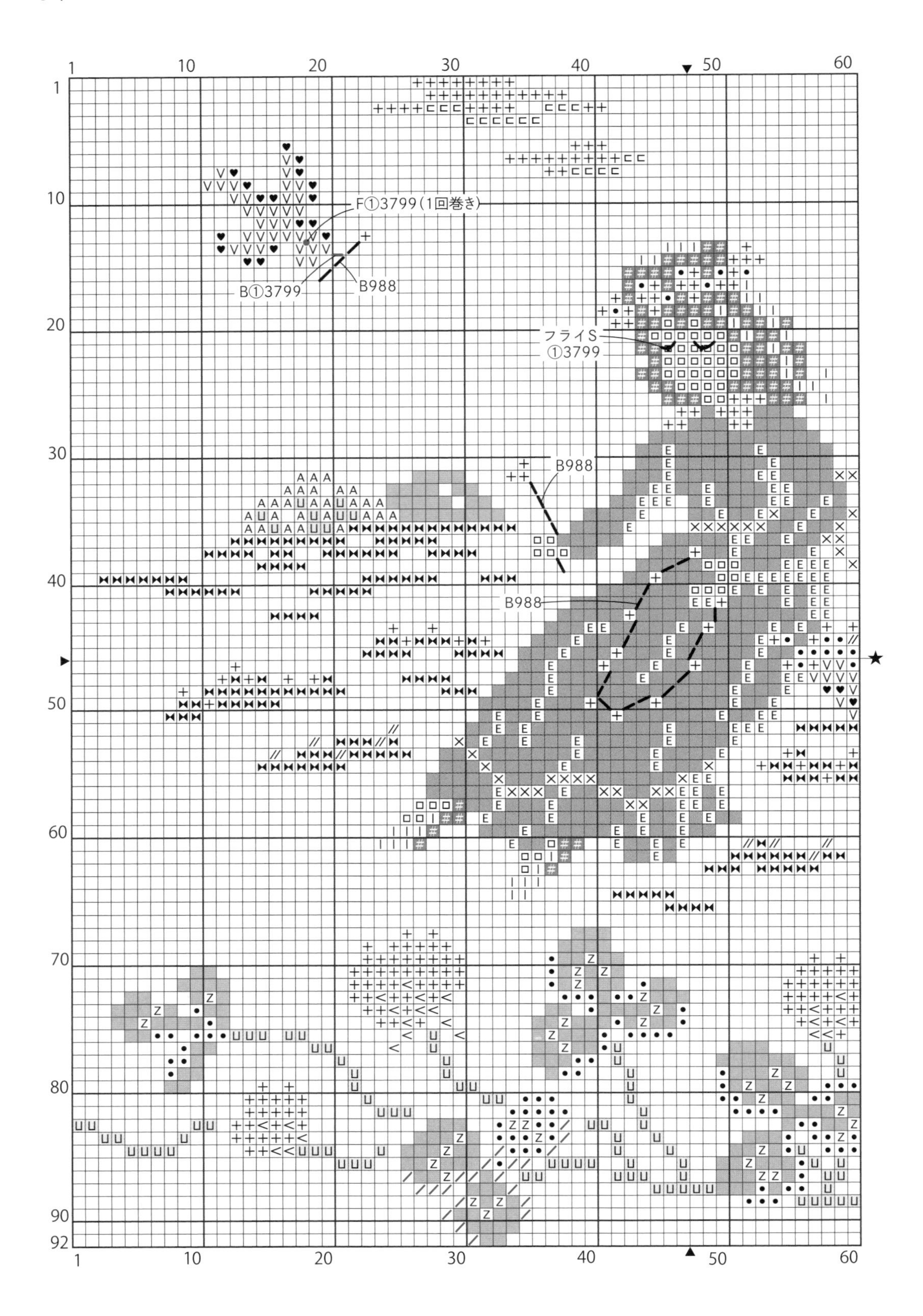

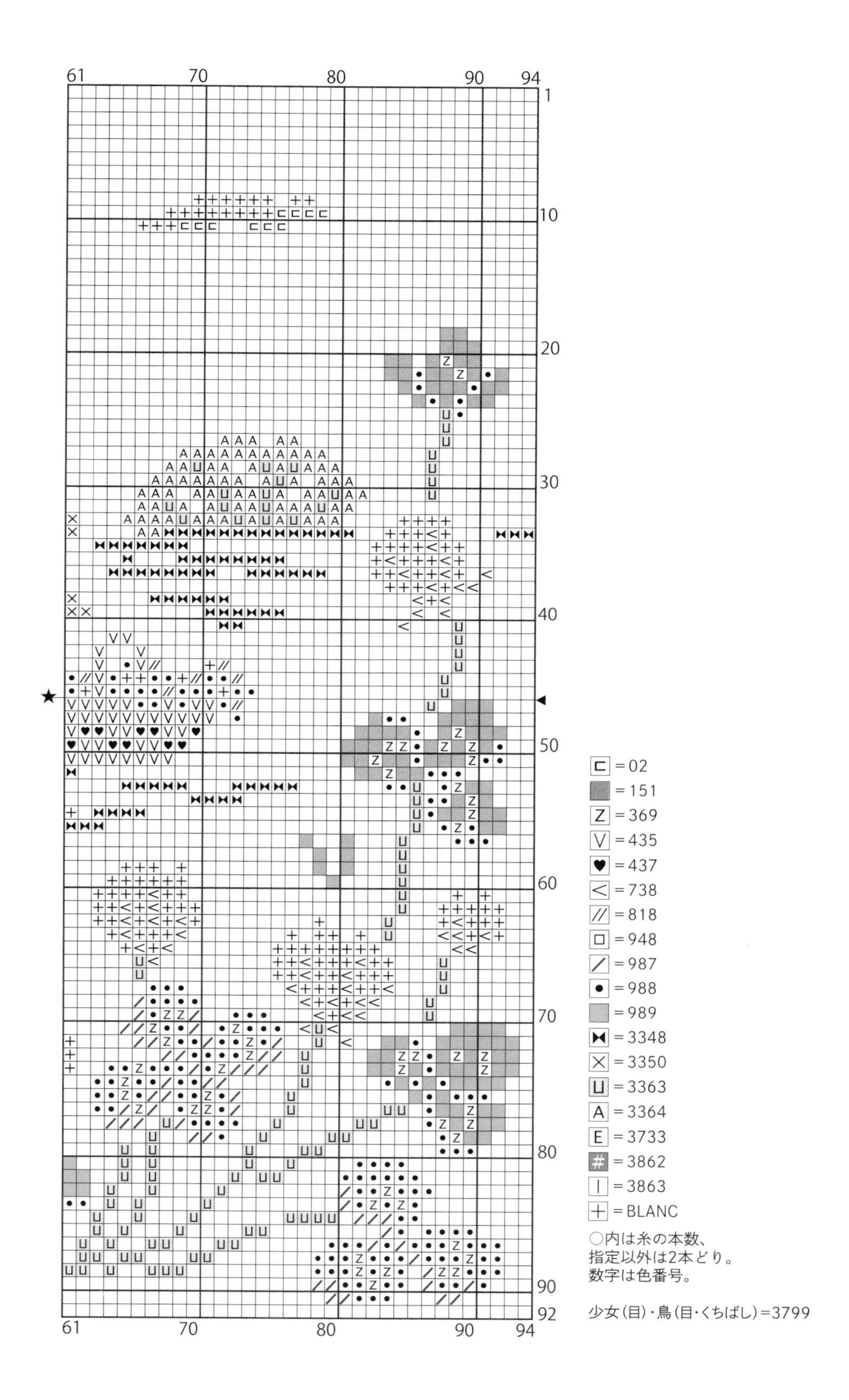

61 70 80 90 94
1 10 20 30 40 50 60 70 80 90 92
= 02
= 151
Z = 369
V = 435
= 437
< = 738
// = 818
= 948
/ = 987
● = 988
= 989
= 3348
× = 3350
= 3363
A = 3364
E = 3733
# = 3862
| = 3863
+ = BLANC
○内は糸の本数、
指定以外は2本どり。
数字は色番号。
少女(目)・鳥(目・くちばし)=3799

9 四季の少女　—夏— ラベンダー photo...p.9

●図案サイズ　約縦16.4cm×横16.2cm
●布　DMCアイーダ14ct(712)

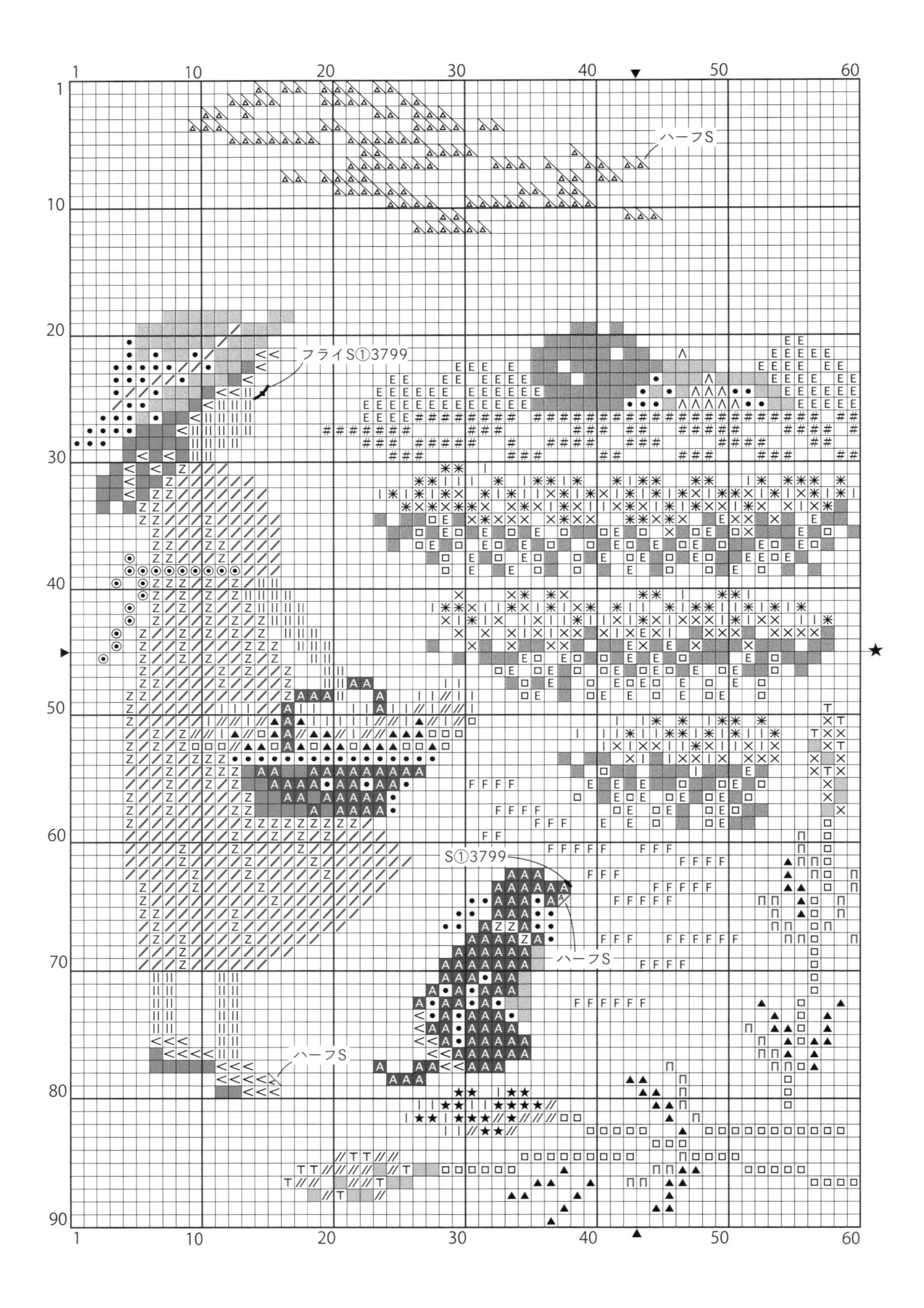

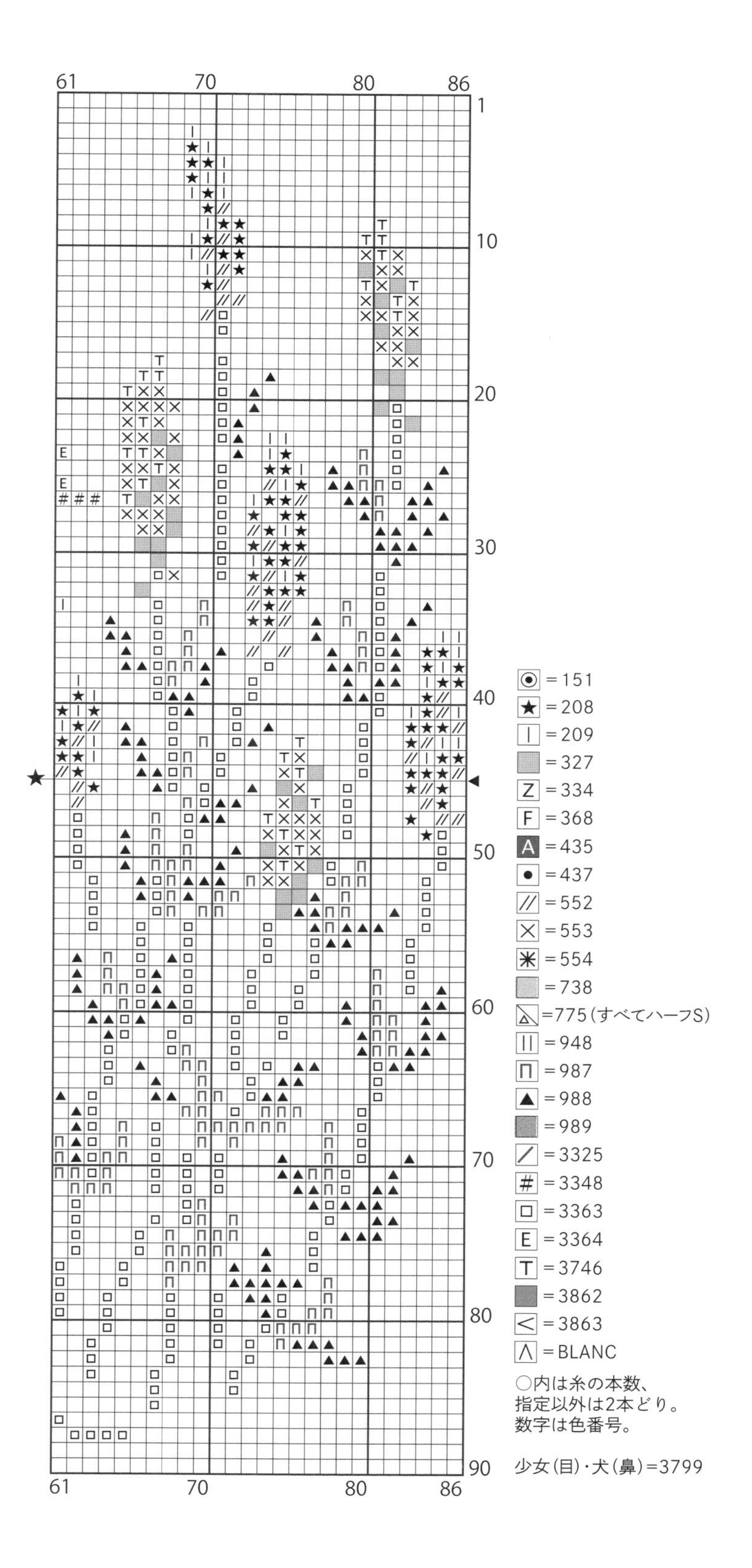
61
70
80
86
1
10
20
30
40
50
60
70
80
90
=151
=208
=209
=327
=334
=368
=435
=437
=552
=553
=554
=738
=775(すべてハーフS)
=948
=987
=988
=989
=3325
=3348
=3363
=3364
=3746
=3862
=3863
=BLANC
○内は糸の本数、
指定以外は2本どり。
数字は色番号。
少女(目)・犬(鼻)=3799

10 四季の少女　—秋— コスモス photo...p.10

●図案サイズ　約縦16.4cm×横16m
●布　DMCアイーダ14ct(BLANC)

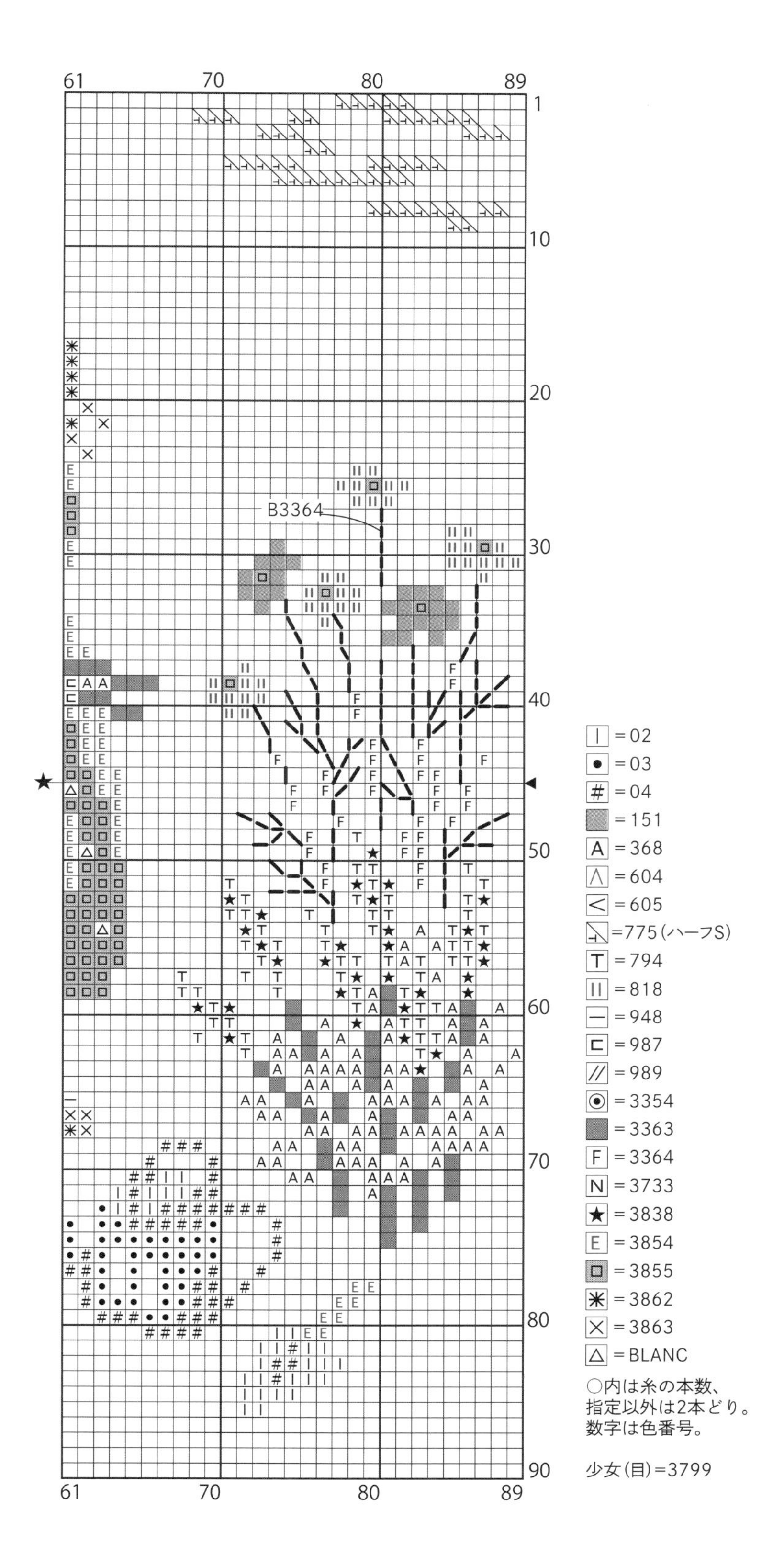
61
70
80
89
B3364
=02
=03
=04
=151
=368
=604
=605
=775(ハーフS)
=794
=818
=948
=987
=989
=3354
=3363
=3364
=3733
=3838
=3854
=3855
=3862
=3863
=BLANC
○内は糸の本数、
指定以外は2本どり。
数字は色番号。
少女(目)=3799

11 四季の少女　ー冬ー クリスマス photo...p.11

●図案サイズ　約縦16.4cm×横16.3cm
●布　DMCアイーダ14ct(BLANC)

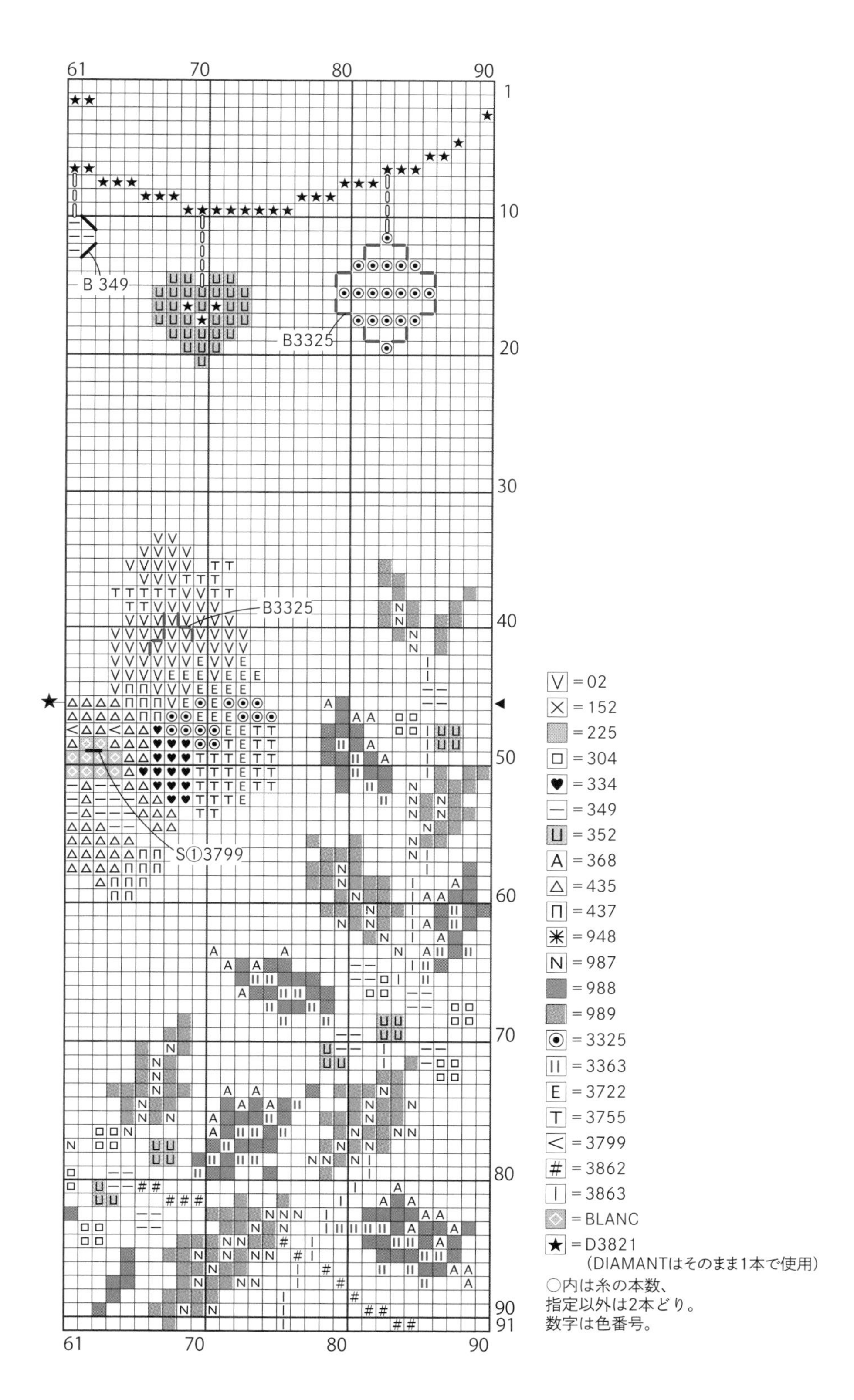
B 349
B3325
B3325
S①3799
= 02
= 152
= 225
= 304
= 334
= 349
= 352
= 368
= 435
= 437
= 948
= 987
= 988
= 989
= 3325
= 3363
= 3722
= 3755
= 3799
= 3862
= 3863
= BLANC
= D3821
(DIAMANTはそのまま1本で使用)
○内は糸の本数、
指定以外は2本どり。
数字は色番号。

42 四季のスワッグ　―春―　photo...p.12

●**図案サイズ**　約縦16.3cm×横10.4cm
●**布**　DMCリネン28ct(842)
●DMCフレーム(楕円形)MV0034/175(WOOD)　内径約17.5cm×13cm
※フレームの仕上げ方・裏の仕上げ方はp.37参照

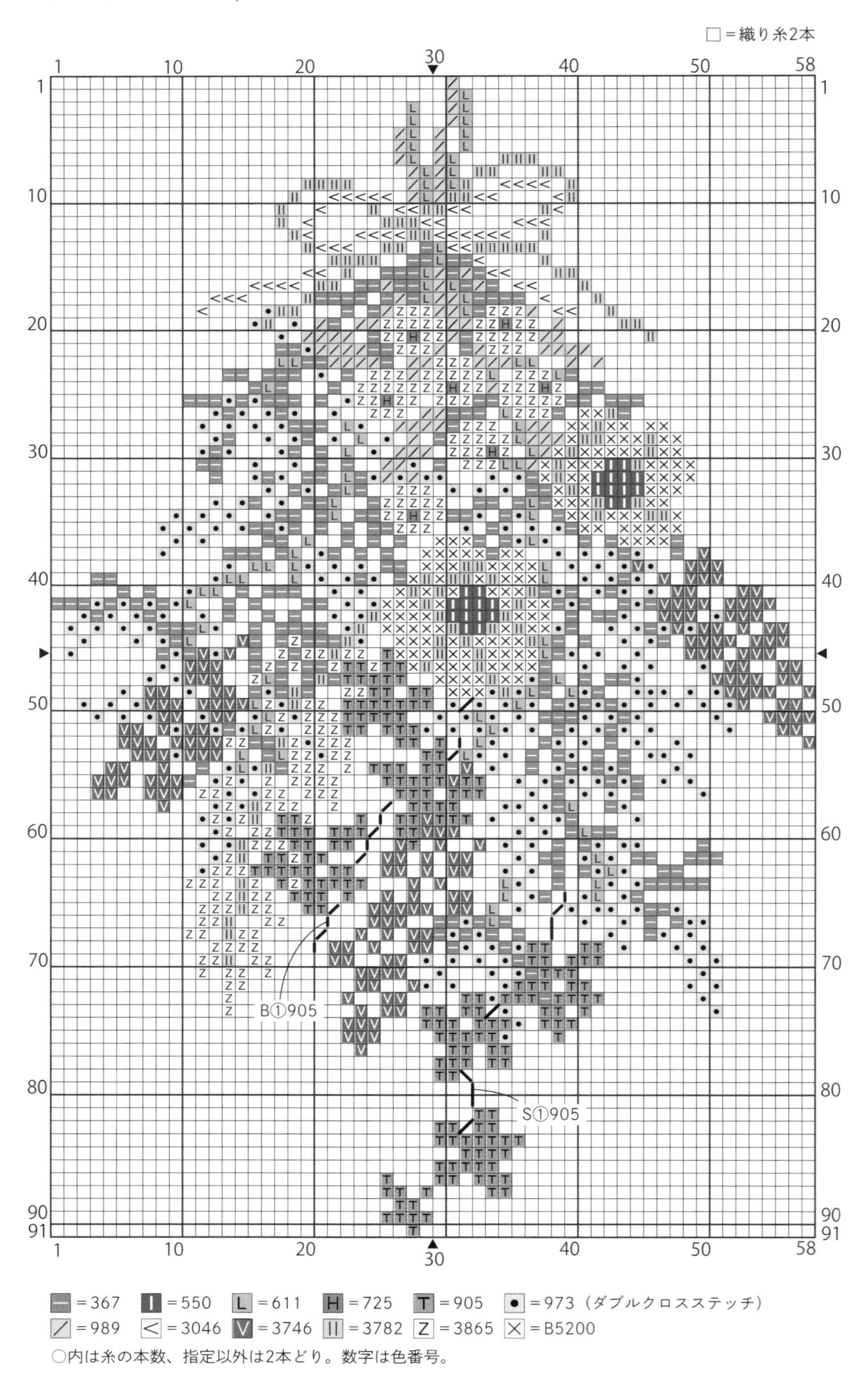

[−]＝367　[I]＝550　[L]＝611　[H]＝725　[T]＝905　[●]＝973（ダブルクロスステッチ）
[/]＝989　[<]＝3046　[V]＝3746　[II]＝3782　[Z]＝3865　[×]＝B5200

○内は糸の本数、指定以外は2本どり。数字は色番号。

43 四季のスワッグ　―夏―　photo...p.12

●**図案サイズ**　約縦16cm×横10.2cm
●**布**　DMCリネン28ct(842)
●DMCフレーム(楕円形)MV0034/175(WOOD)　内径約17.5cm×13cm
※フレームの仕上げ方・裏の仕上げ方はp.37参照

□＝織り糸2本

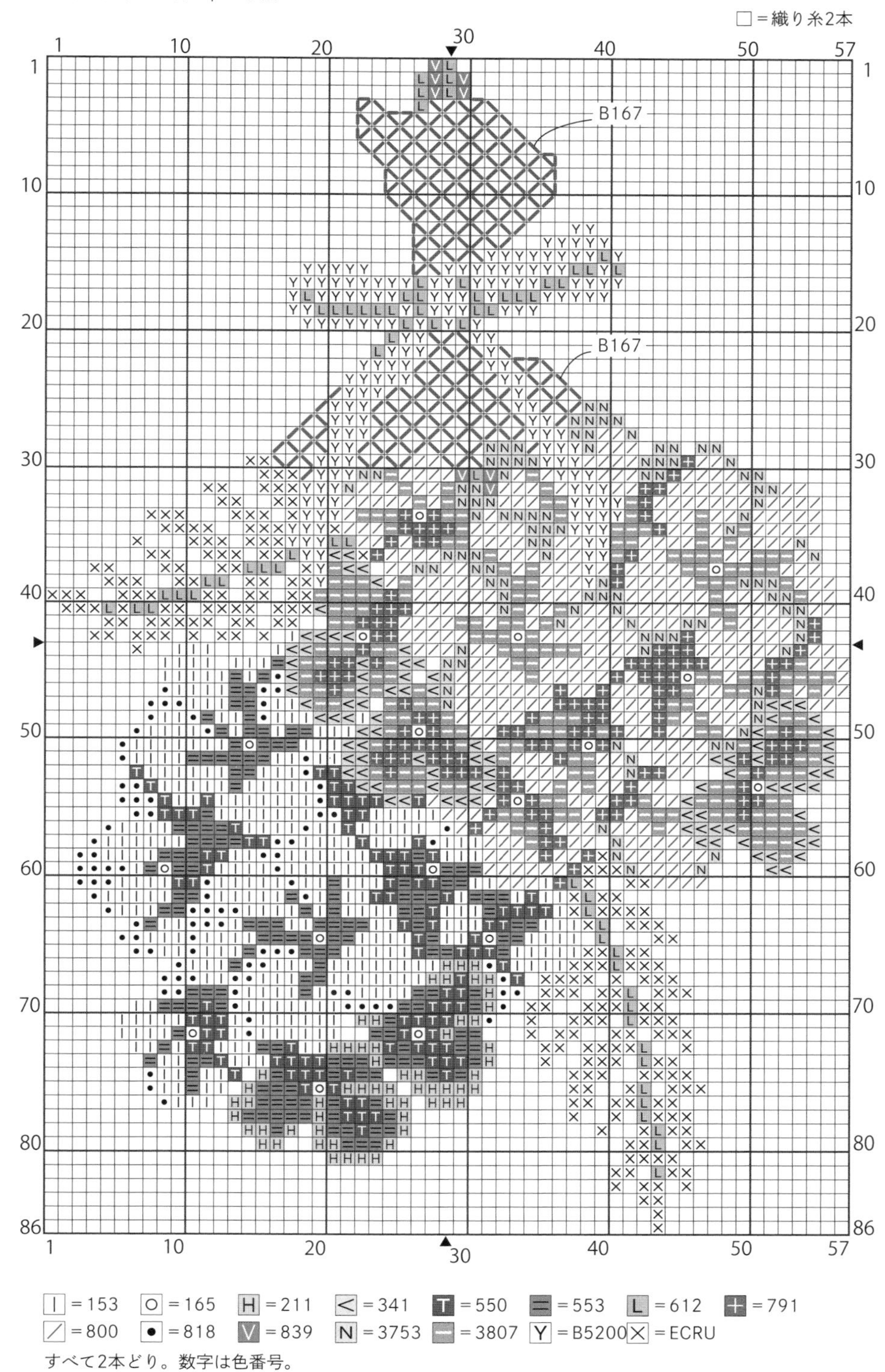

| ＝153　○＝165　H＝211　<＝341　T＝550　＝＝553　L＝612　+＝791
/＝800　●＝818　V＝839　N＝3753　–＝3807　Y＝B5200　×＝ECRU

すべて2本どり。数字は色番号。

14 四季のスワッグ　一秋一　photo...p.13

●**図案サイズ**　約縦15.6cm×横9.8cm
●**布**　DMCリネン28ct(842)
●DMCフレーム(楕円形)MV0034/175(WOOD)　内径約17.5cm×13cm
※フレームの仕上げ方・裏の仕上げ方はp.37参照

○内は糸の本数、指定以外は2本どり。数字は色番号。

15 四季のスワッグ　ー冬ー　photo...p.13

●**図案サイズ**　約縦16.2cm×横10.5cm
●**布**　DMCリネン28ct(842)
●DMCフレーム(楕円形)MV0034/175(WOOD)　内径約17.5cm×13cm
※フレームの仕上げ方・裏の仕上げ方はp.37参照

□＝織り糸2本

+ =154　| =470　= =644　< =726　> =746　V =869　X =986　T =3046
− =3685　Z =3865　● =B5200　✳(ダブルクロスS)＝D3821（DIAMANTはそのまま1本で使用）

指定以外は2本どり。数字は色番号。
DIAMANTは糸端を裏側に7〜8cm残して刺し、固結びをして切る。

16 四季のオーナメント　―春―　鳩時計　photo...p.14

●**図案サイズ**　鳩時計 約縦15.3cm×横14.4cm／人形 約縦5.4cm×横7.4cm／振り子 約縦6.7cm×横3.4cm
●**布**　DMCアイーダ14ct(3033)
●DMCフレーム(円形)MV0033/175(WOOD)　内径約17.5cm
●**その他**　時計キット／厚紙 約17.5cm×17.5cm(2枚)、約16.5cm×16.5cm(1枚)／
布(裏面用 プリント地) 約縦22cm×横22cm／ 手芸綿 適宜／手芸用接着剤 適宜／縫い糸 適宜

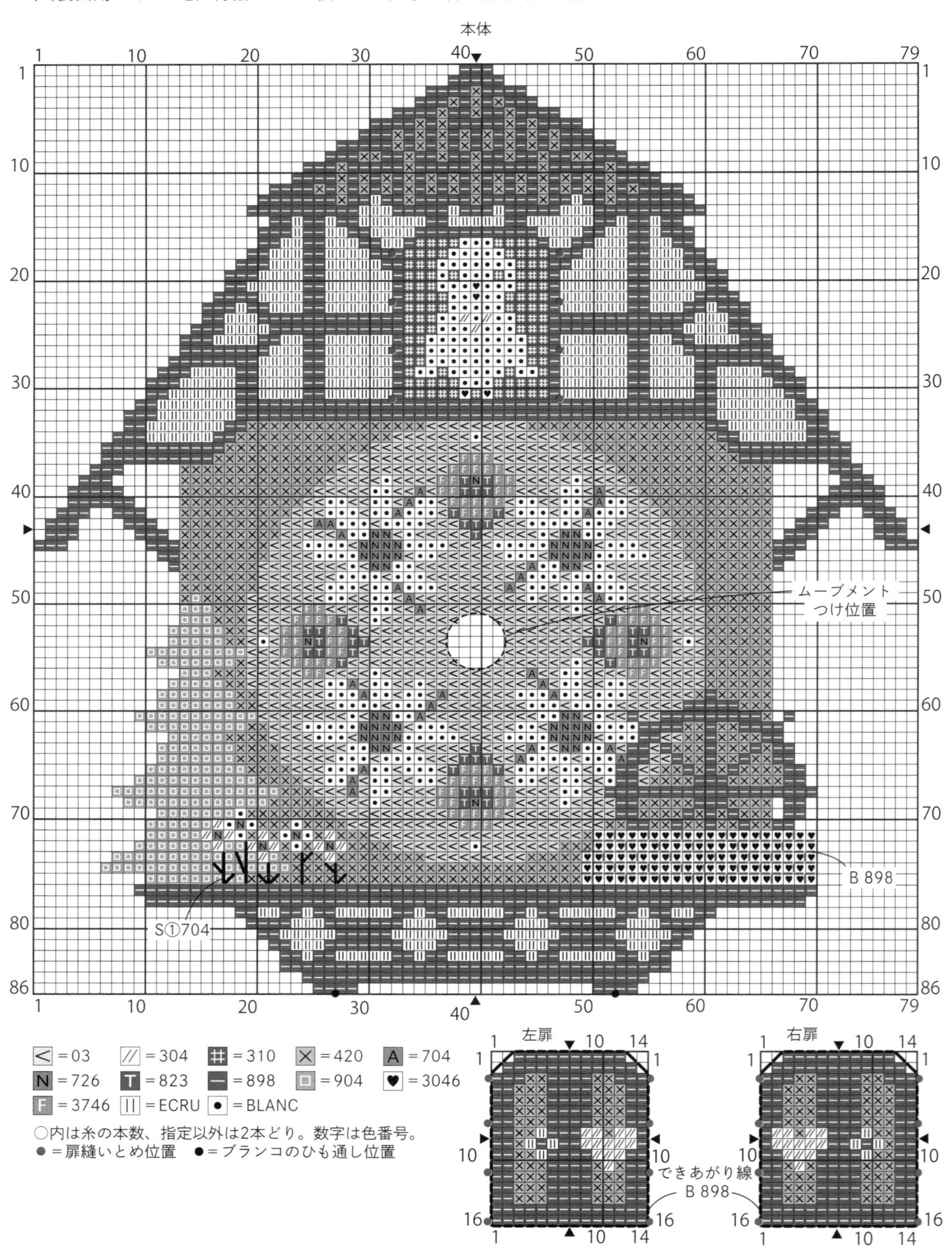

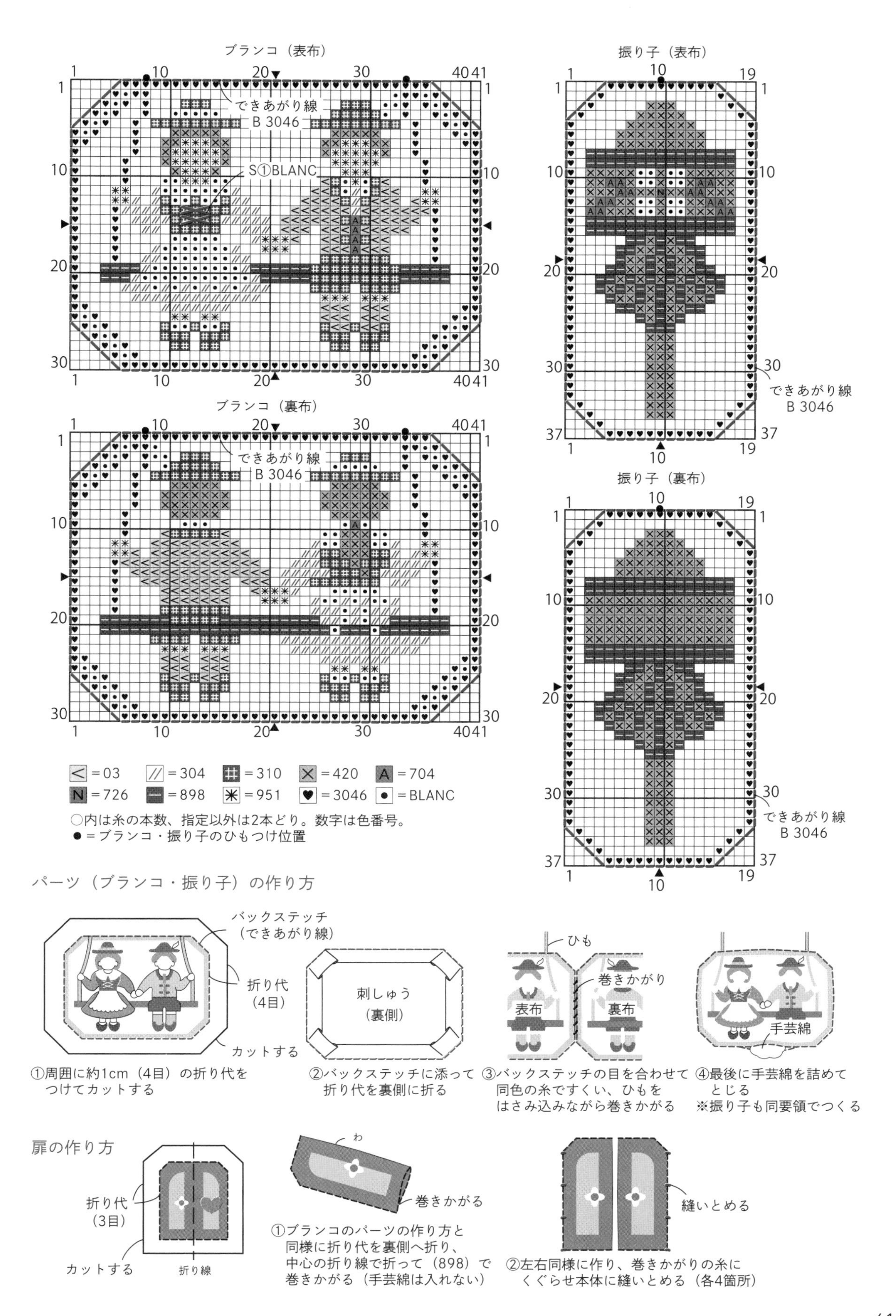
ブランコ（表布）
できあがり線
B 3046
S①BLANC
振り子（表布）
できあがり線
B 3046
ブランコ（裏布）
できあがり線
B 3046
振り子（裏布）
できあがり線
B 3046
＝03
＝304
＝310
＝420
＝704
＝726
＝898
＝951
＝3046
＝BLANC
○内は糸の本数、指定以外は2本どり。数字は色番号。
●＝ブランコ・振り子のひもつけ位置
パーツ（ブランコ・振り子）の作り方
バックステッチ
（できあがり線）
折り代
（4目）
カットする
①周囲に約1cm（4目）の折り代をつけてカットする
刺しゅう
（裏側）
②バックステッチに添って折り代を裏側に折る
ひも
巻きかがり
表布
裏布
③バックステッチの目を合わせて同色の糸ですくい、ひもをはさみ込みながら巻きかがる
手芸綿
④最後に手芸綿を詰めてとじる
※振り子も同要領でつくる
扉の作り方
折り代
（3目）
カットする
折り線
わ
巻きかがる
①ブランコのパーツの作り方と同様に折り代を裏側へ折り、中心の折り線で折って（898）で巻きかがる（手芸綿は入れない）
縫いとめる
②左右同様に作り、巻きかがりの糸にくぐらせ本体に縫いとめる（各4箇所）

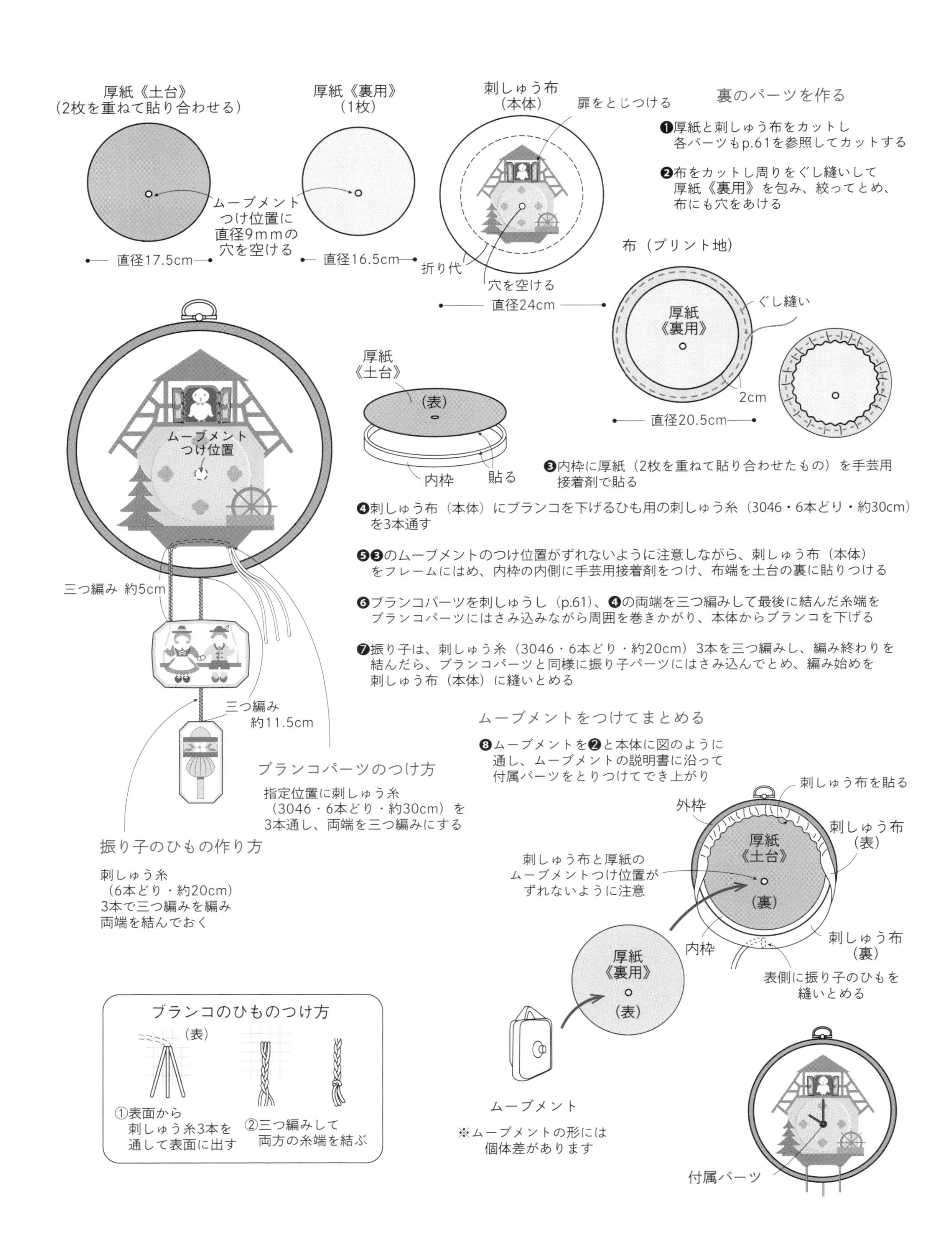

裏のパーツを作る

❶厚紙と刺しゅう布をカットし
各パーツもp.61を参照してカットする

❷布をカットし周りをぐし縫いして
厚紙《裏用》を包み、絞ってとめ、
布にも穴をあける

❸内枠に厚紙（2枚を重ねて貼り合わせたもの）を手芸用
接着剤で貼る

❹刺しゅう布（本体）にブランコを下げるひも用の刺しゅう糸（3046・6本どり・約30cm）
を3本通す

❺❸のムーブメントのつけ位置がずれないように注意しながら、刺しゅう布（本体）
をフレームにはめ、内枠の内側に手芸用接着剤をつけ、布端を土台の裏に貼りつける

❻ブランコパーツを刺しゅうし（p.61）、❹の両端を三つ編みして最後に結んだ糸端を
ブランコパーツにはさみ込みながら周囲を巻きかがり、本体からブランコを下げる

❼振り子は、刺しゅう糸（3046・6本どり・約20cm）3本を三つ編みし、編み終わりを
結んだら、ブランコパーツと同様に振り子パーツにはさみ込んでとめ、編み始めを
刺しゅう布（本体）に縫いとめる

ブランコパーツのつけ方

指定位置に刺しゅう糸
（3046・6本どり・約30cm）を
3本通し、両端を三つ編みにする

振り子のひもの作り方

刺しゅう糸
（6本どり・約20cm）
3本で三つ編みを編み
両端を結んでおく

ブランコのひものつけ方

（表）

①表面から
刺しゅう糸3本を
通して表面に出す

②三つ編みして
両方の糸端を結ぶ

ムーブメントをつけてまとめる

❽ムーブメントを❷と本体に図のように
通し、ムーブメントの説明書に沿って
付属パーツをとりつけてでき上がり

※ムーブメントの形には
個体差があります

17 四季のオーナメント　―夏―　飛行船　photo...p.16

●**図案サイズ**　飛行船 約縦11.5cm×横15.1cm/かご 約縦4.7cm×横6.6cm
●**布**　DMCアイーダ14ct(162)
●DMCフレーム(楕円形)MV0034/175(WHITE)　内径約17.5cm×13cm
※フレームの仕上げ方はp.37参照
●**その他**　フェルト(グレー系)・厚紙・キルト芯 縦6cm×横7cm/ 手芸用接着剤 適宜

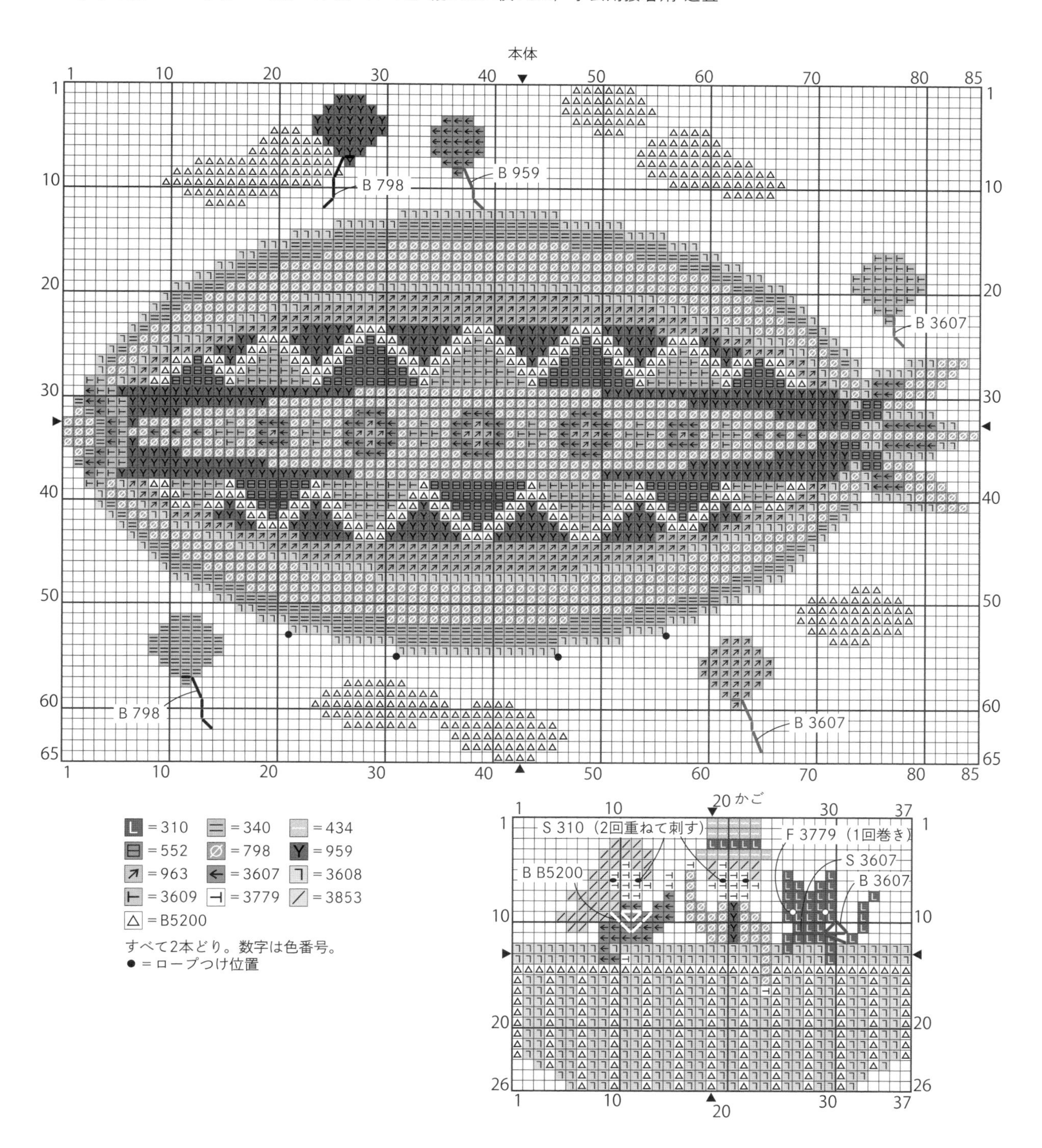

まとめ方

①飛行船は刺しゅうをし、p.37を参照してフレームに入れて仕上げる。

②かごは表布に刺しゅうをし、でき上がり線の周囲に折り代をつけてカットする。

③厚紙とキルト芯、フェルトを指定のサイズにカットする。
厚紙にキルト芯を手芸用接着剤で貼り土台を作る。

④土台にかぶせるように表布を重ねて、折り代にタックを入れながら
裏側に折り、手芸用接着剤で土台の裏側に貼る。

⑤刺しゅう糸でロープを作り、それぞれ飛行船の指定位置（●）に通して
裏側で結び目を作ってとめる。ロープの先は指定の長さになるように
結び目を土台の裏側に縫いとめ、余分な糸端はカットする。

⑥土台の裏側に手芸用接着剤でフェルトを貼って仕上げる。

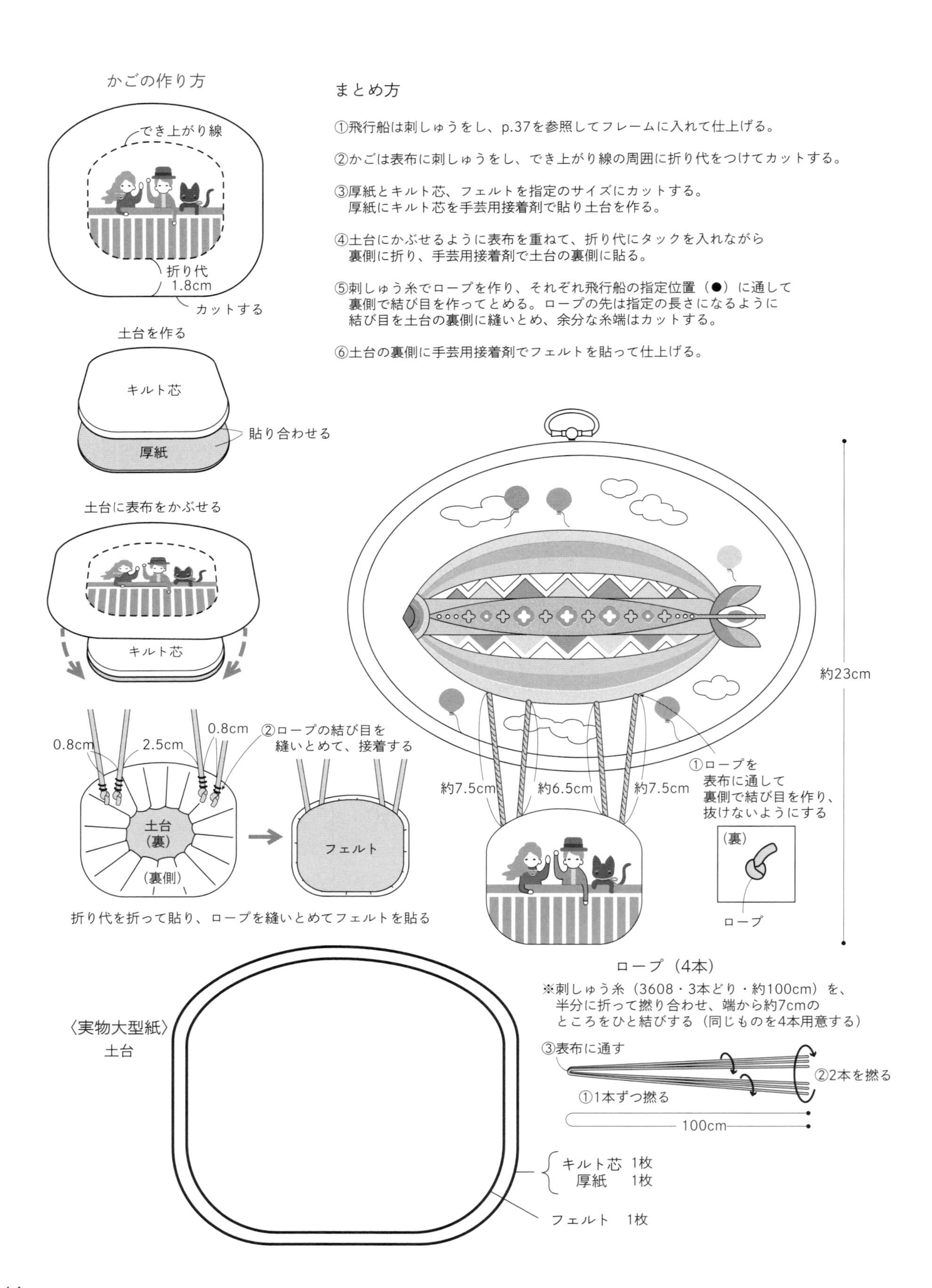

18 四季のオーナメント　―秋―　おやすみくま　photo...p.17

●図案サイズ　月　約縦15.2cm×横11.8cm、オーナメント　約縦6.2cm×横9.4cm
●布　DMCアイーダ14ct（310）
●刺しゅう枠MV0034/175（WHITE）　内径約17.5cm×13cm
●その他　手芸用中綿適宜
※フレームの仕上げ方はp.37参照

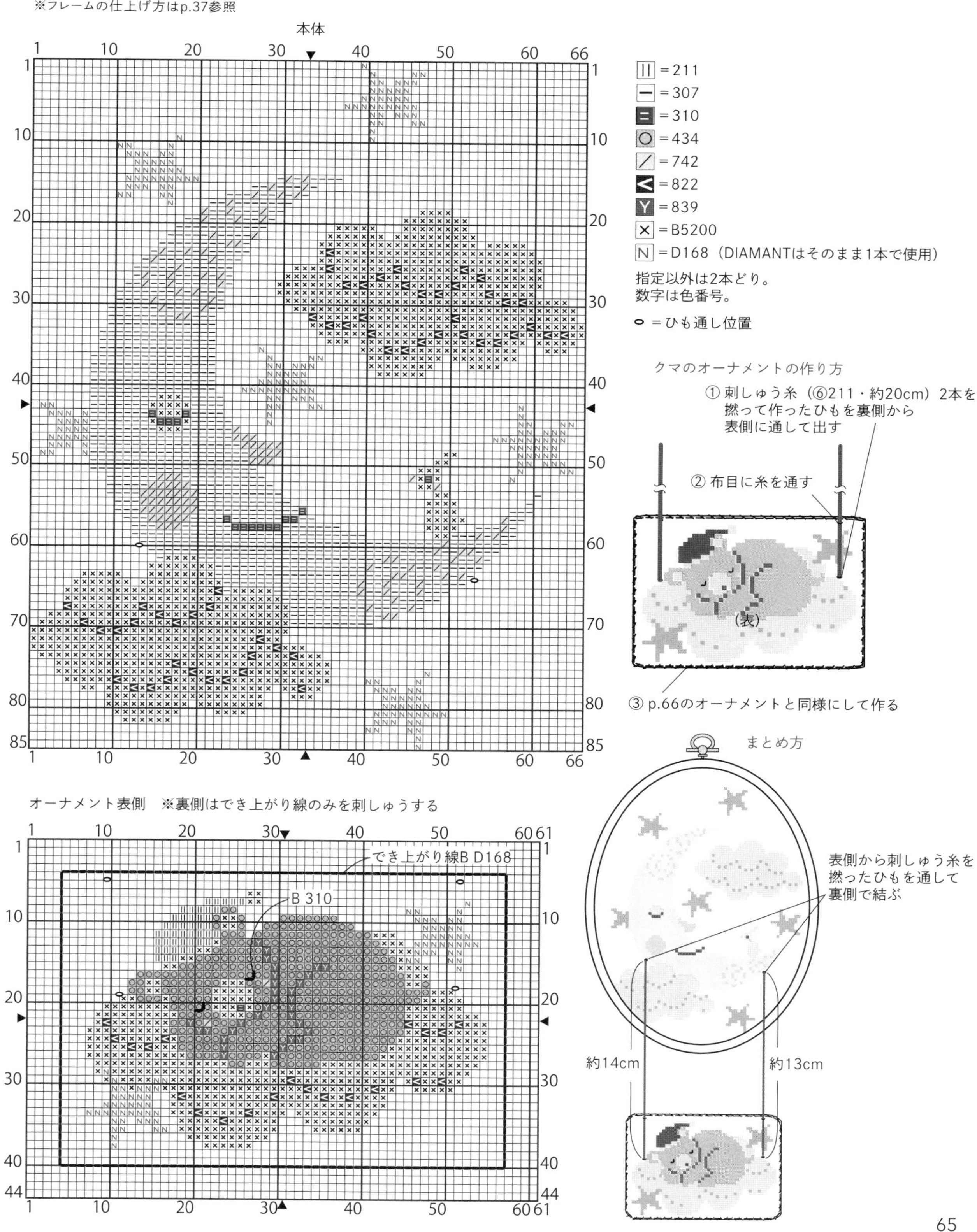

19 四季のオーナメント　ー冬ー ホリデー　photo...p.18

●**図案サイズ**　本体約縦11.7cm×横15cm(刺しゅう枠内)
●**布**　DMC玉虫アイーダ14ct(BLANC)
●DMCフレーム(楕円形)MV0034/175(WHITE)　内径約17.5cm×13cm
●**その他**　コード(水色系)、手芸用中綿適宜
※フレームの仕上げ方はp.37参照

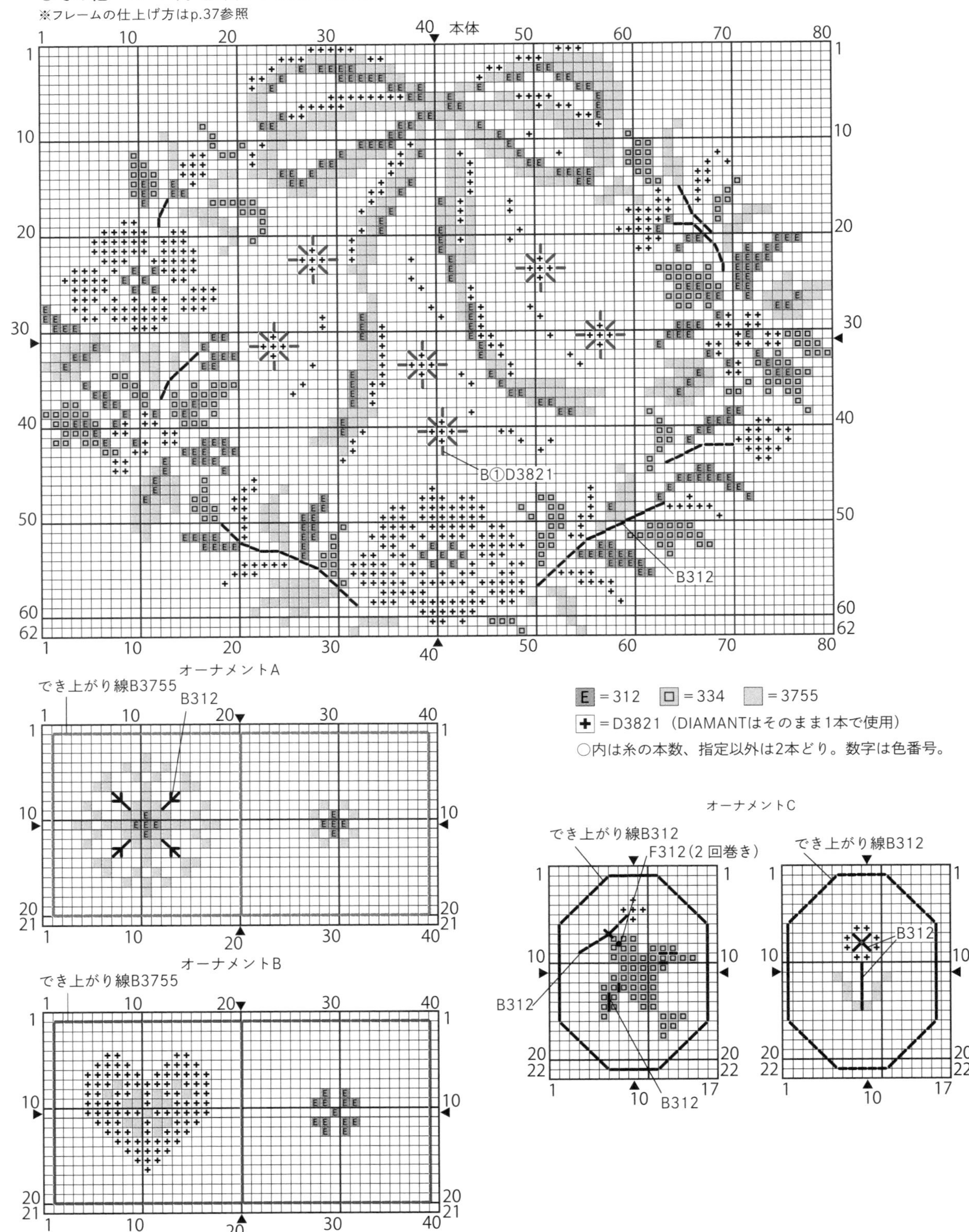

オーナメントの作り方

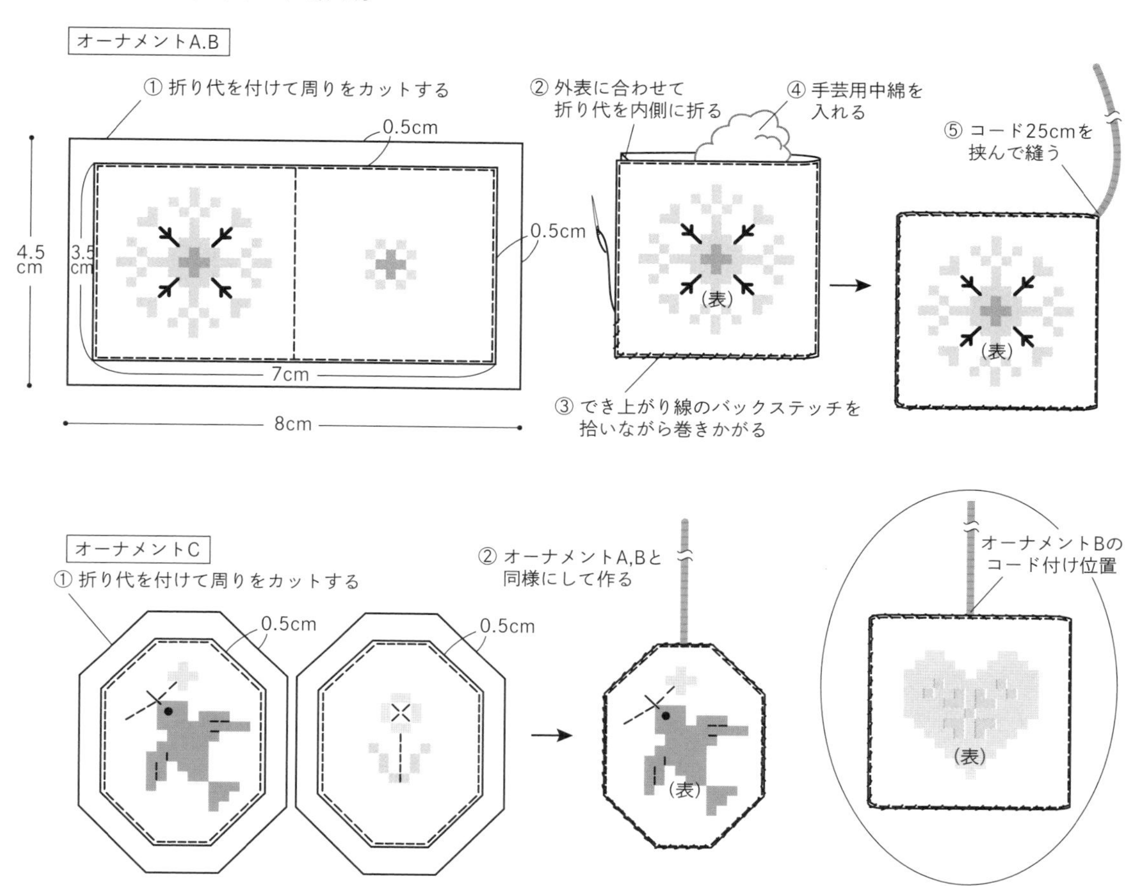

まとめ方

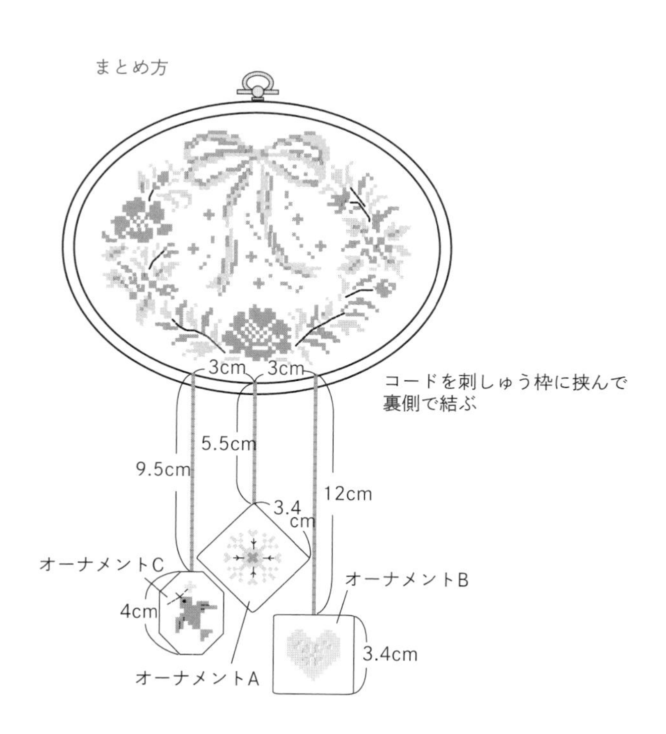

21 母の日 photo...p.21

●図案サイズ　約縦12.8cm×横12.8m
●布　DMCアイーダ14ct(BLANC)

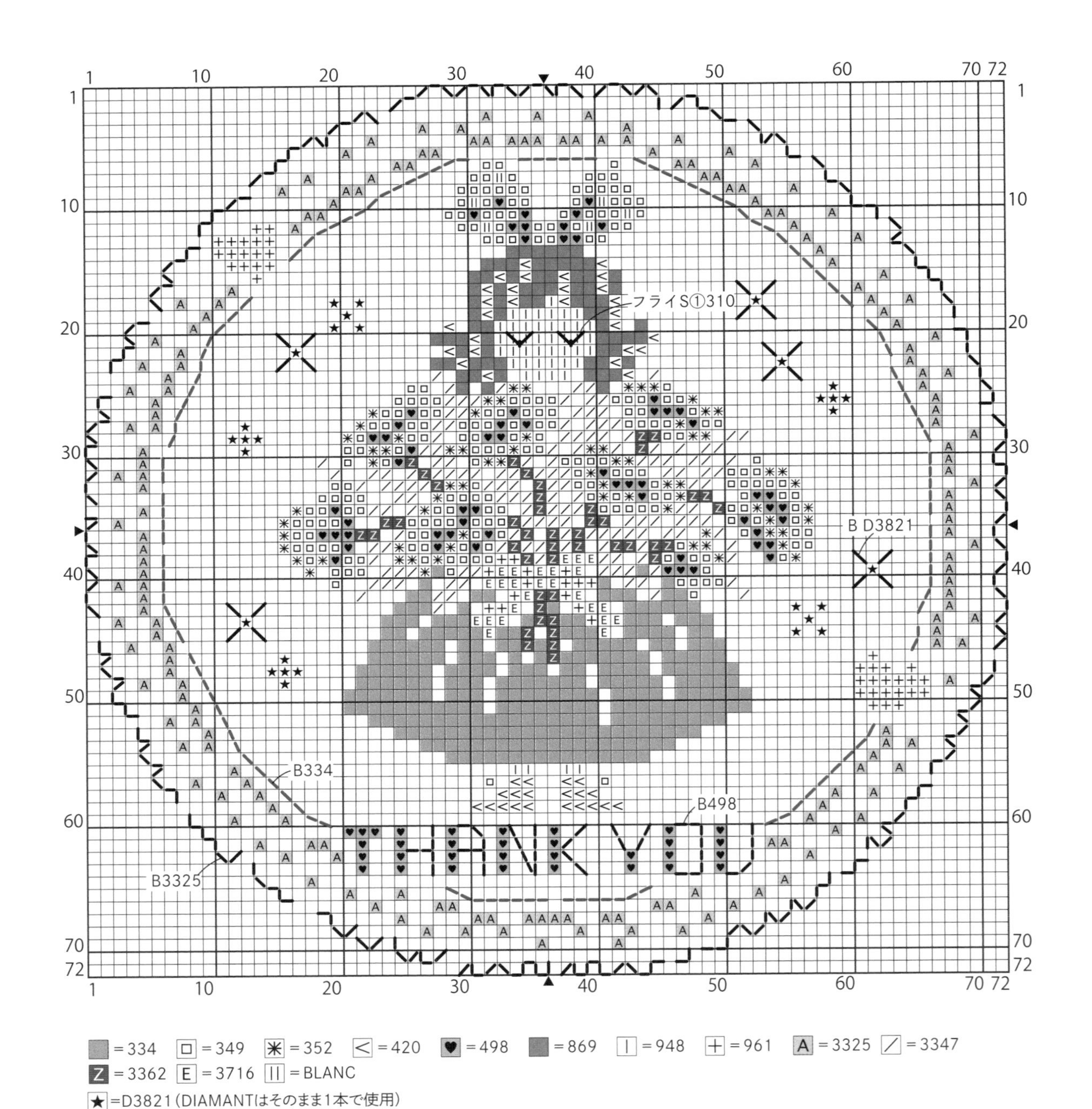

■=334 □=349 ✳=352 <=420 ♥=498 ■=869 |=948 +=961 A=3325 /=3347
Z=3362 E=3716 ||=BLANC

★=D3821(DIAMANTはそのまま1本で使用)
○内は糸の本数、指定以外は2本どり。数字は色番号。目＝310

22 父の日 photo...p.21

●図案サイズ 約縦12.8cm×横13.4cm
●布 DMCアイーダ14ct(BLANC)

Z＝02 ‖＝03 <＝310 F＝334 ■＝336 ×＝349 ✳＝352 ♥＝414 #＝420 □＝743
V＝798 ▮＝869 ●＝945 —＝972 ／＝3032 ★＝3325 ■＝3347 A＝3362 U＝BLANC
E＝D3821(DIAMANTはそのまま1本で使用)

○内は糸の本数、指定以外は2本どり。数字は色番号。

23 女の子 photo...p.22

●**図案サイズ** 約縦10.7cm×横16.2cm
●**布** DMCリネン28ct(784)
●DMCフレーム(楕円形)MV0034/175(WOOD) 内径約17.5cm×13cm
※フレームの仕上げ方はp.37参照

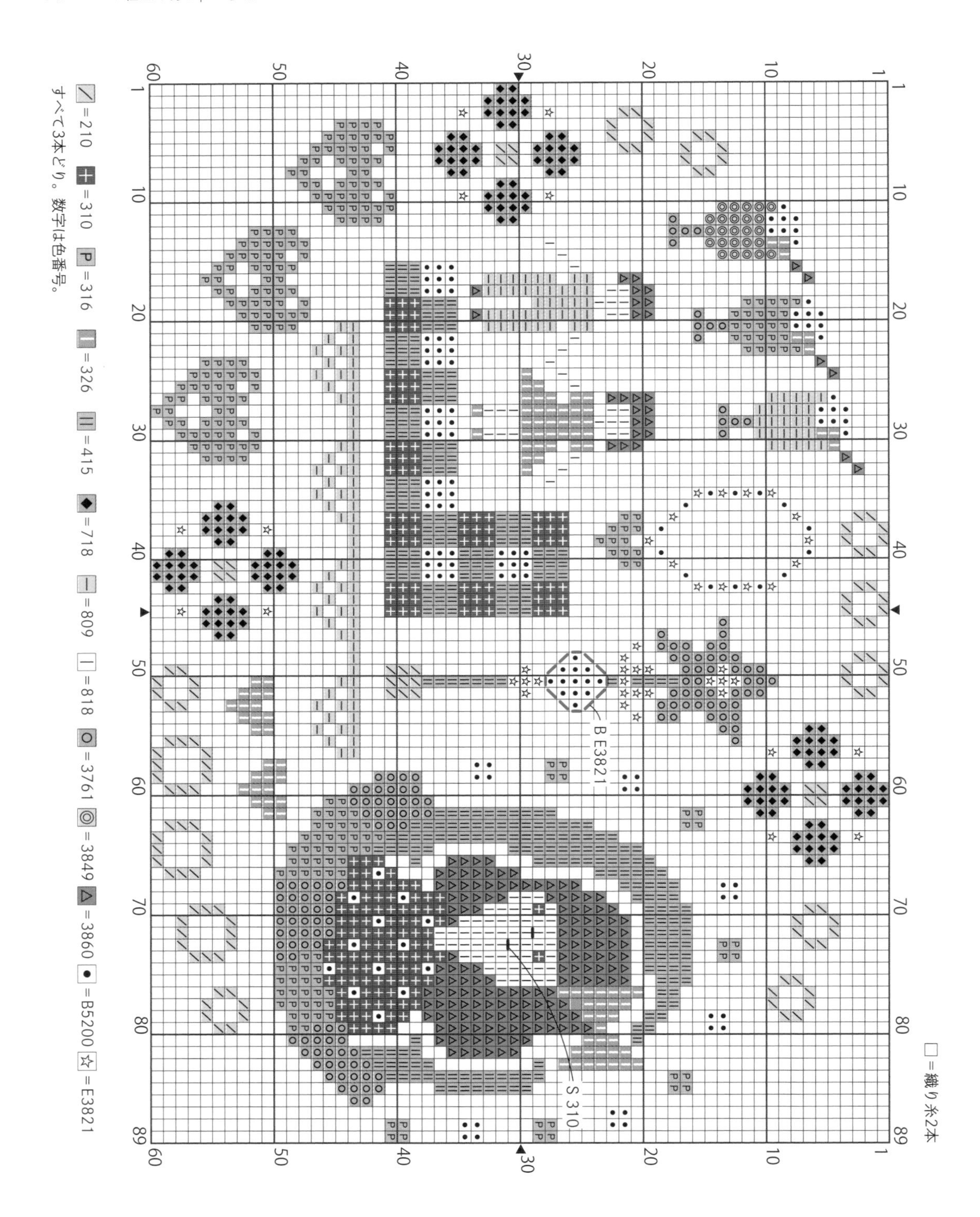

24 男の子　photo...p.23

●**図案サイズ**　約縦10.6cm×横16.4cm
●**布**　DMCリネン28ct(312)
●DMCフレーム(楕円形)MV0034/175(WOOD)　内径約17.5cm×13cm
※フレームの仕上げ方はp.37参照

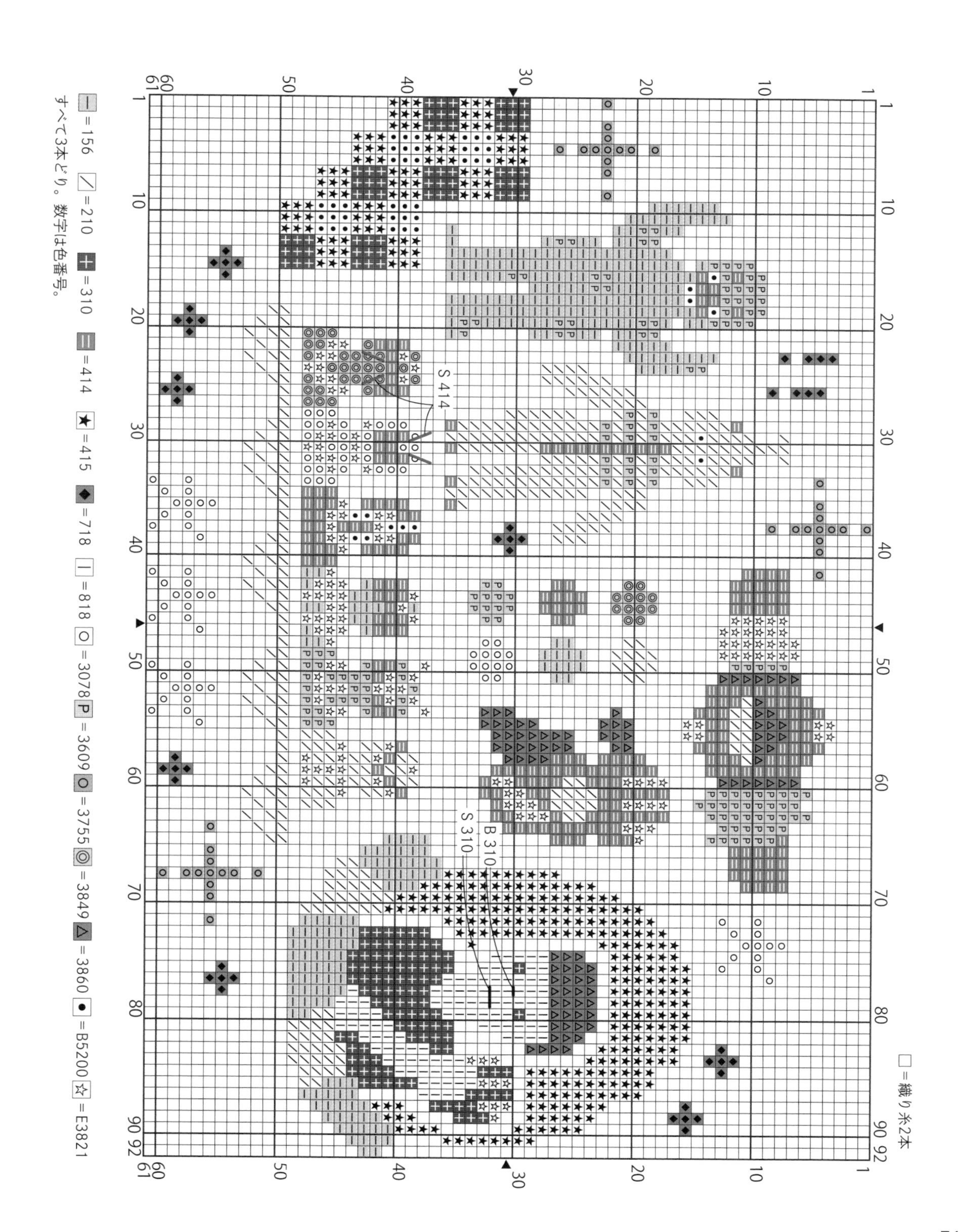

25 ハンバーガーを作ろう photo...p.24

●**図案サイズ**　約縦22.4cm×横25.5cm
●**布**　DMCリネン28ct（3865）
●DMC刺しゅう枠MK0028　内径約25cm
※フレームの仕上げ方はp.37参照

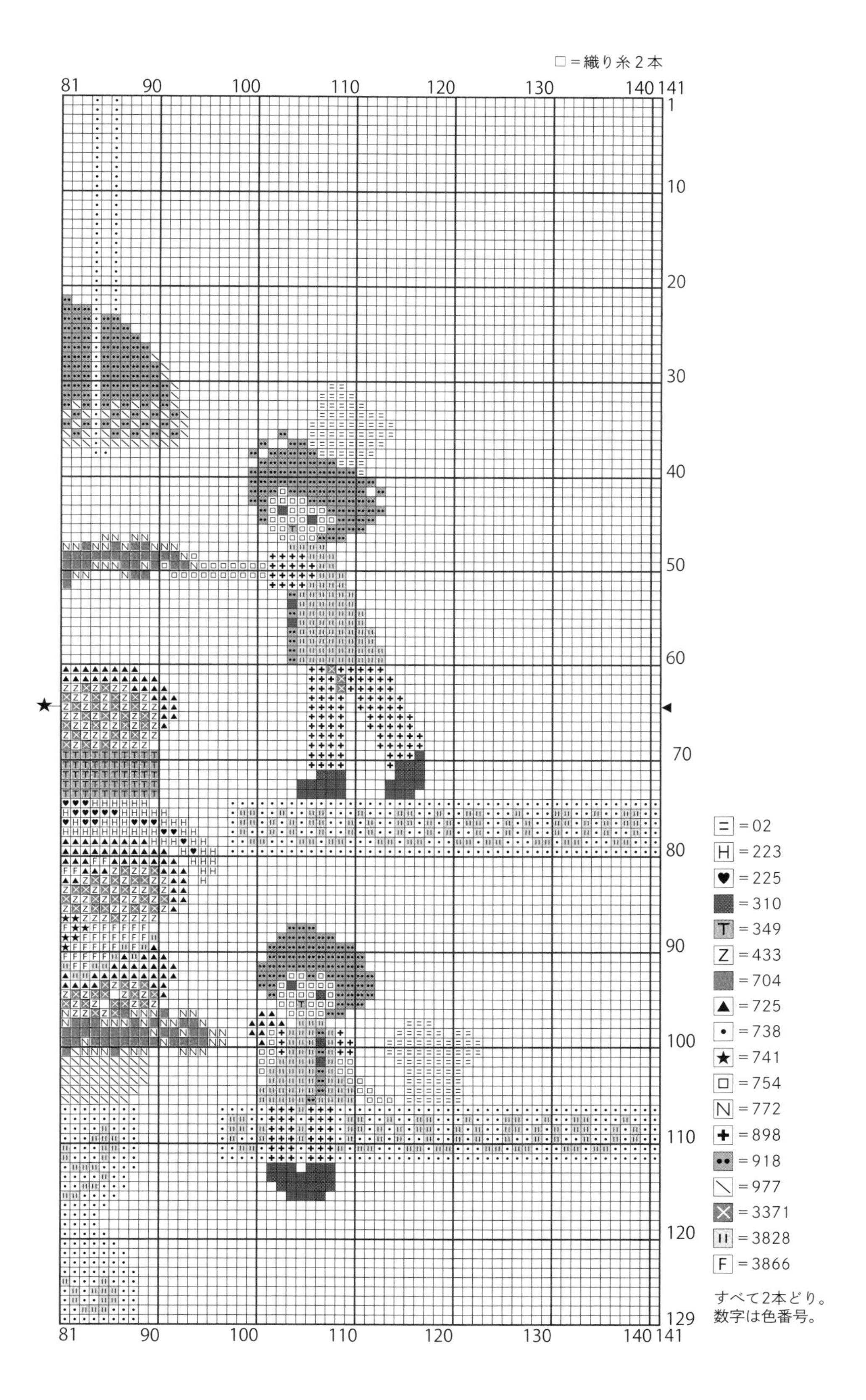

□＝織り糸２本
= ＝02
H ＝223
♥ ＝225
■ ＝310
T ＝349
Z ＝433
■ ＝704
▲ ＝725
• ＝738
★ ＝741
□ ＝754
N ＝772
✚ ＝898
•• ＝918
＼ ＝977
☒ ＝3371
II ＝3828
F ＝3866
すべて2本どり。
数字は色番号。

20 バレンタイン photo...p.20

photo...p.20

●**図案サイズ** 約縦15cm×横15cm
●**布** DMCリネン28ct（784）
●刺しゅう枠MK0026 内径約18.5cm
●**その他** バイアステープ（2cm幅）適宜
※フレームの仕上げ方はp.37参照
※刺しゅう枠のアレンジはp.38参照

＝150 <＝434 N＝436 =＝727 Z＝801 ＝842 ••＝938 X＝3013 V＝3731 ✚＝3733
Y＝3841 //＝3865 •＝BLANC ★＝D3821（DIAMANTはそのまま1本で使用）
すべて2本どり。数字は色番号。

26 ナポレオンパイ photo…p.25

●**図案サイズ** 約縦8.2cm×横11cm
●**布** DMCリネン28ct(B5200)
●DMC刺しゅう枠MK0025 内径約15.5cm
●**その他** レーステープ適宜
※フレームの仕上げ方はp.37参照 ※レースのつけ方はp.76参照

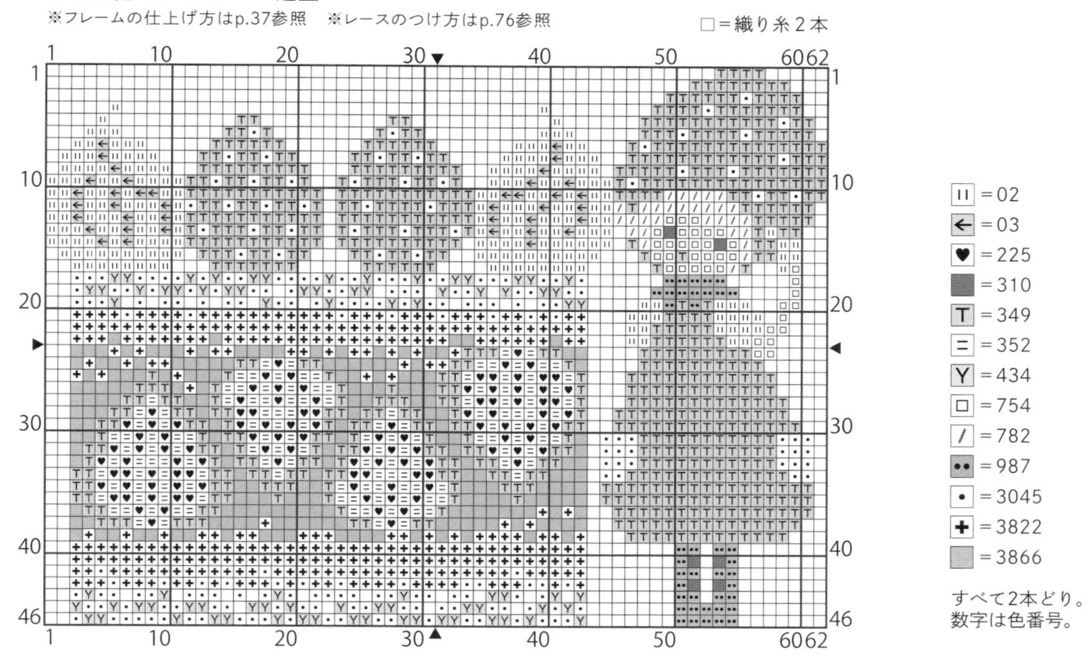

27 フルーツサンド photo…p.25

●**図案サイズ** 約縦8cm×横12cm
●**布** DMCリネン28ct(842)
●DMC刺しゅう枠MK0025 内径約15.5cm
●**その他** レーステープ適宜
※フレームの仕上げ方はp.37参照 ※レースのつけ方はp.76参照

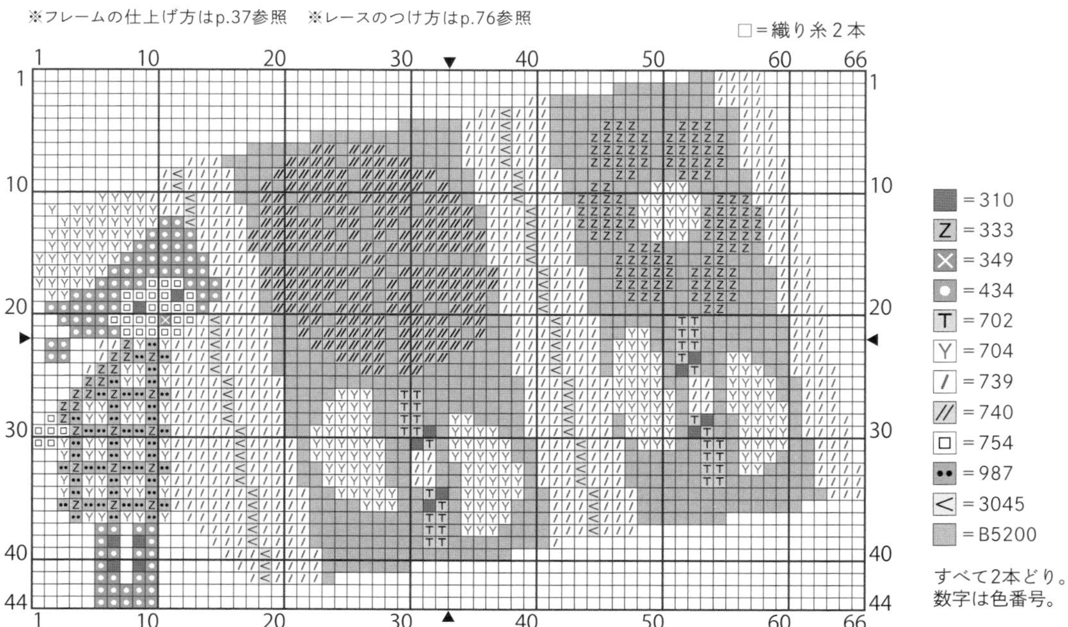

28 カフェラテ ―アイスキューブはおいくつ?― photo…p.26

●**図案サイズ** 約縦10cm×横11cm
●**布** DMCリネン28ct(3865)
●DMC刺しゅう枠MK0025 内径約15.5cm
※フレームの仕上げ方はp.37参照

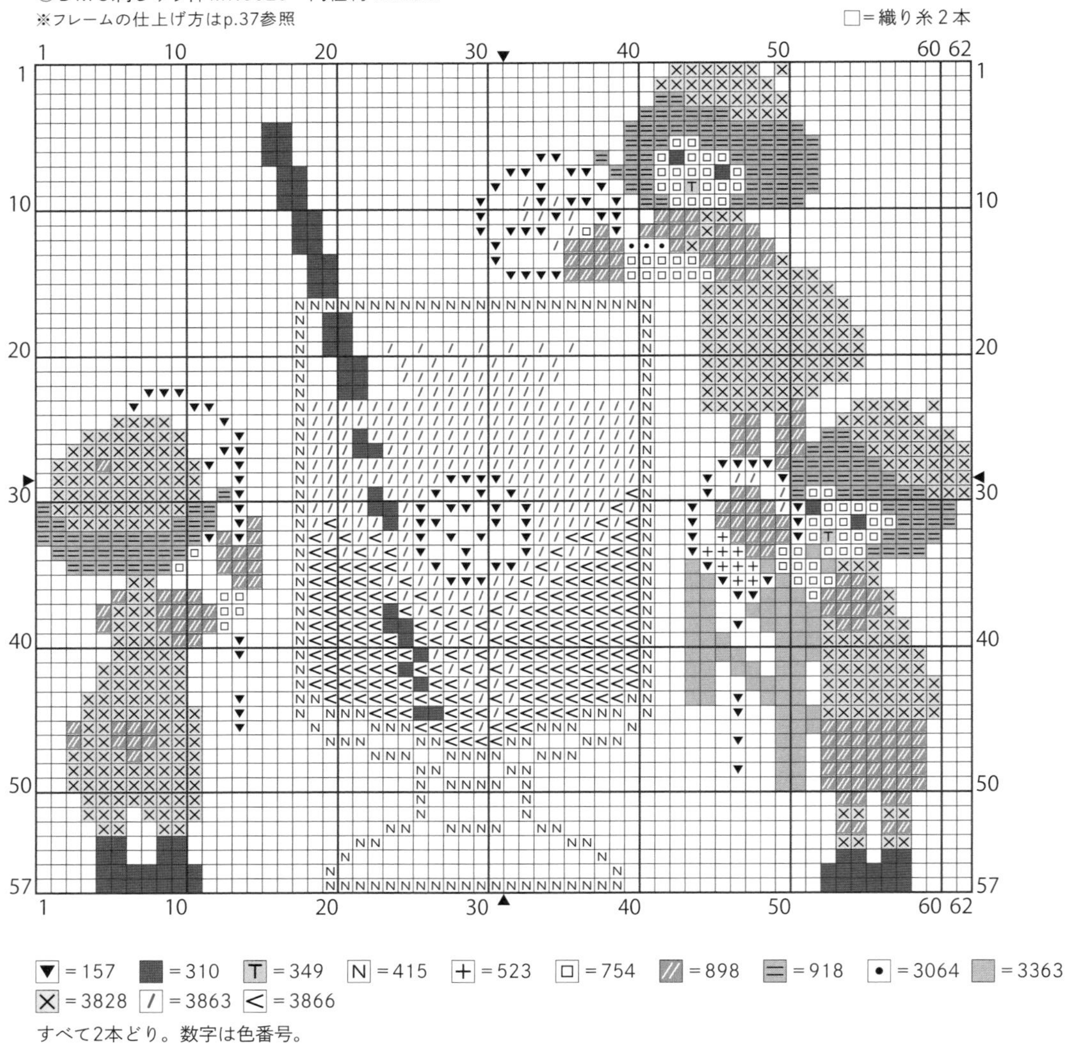

すべて2本どり。数字は色番号。

p.75 **26·27** レースのつけ方

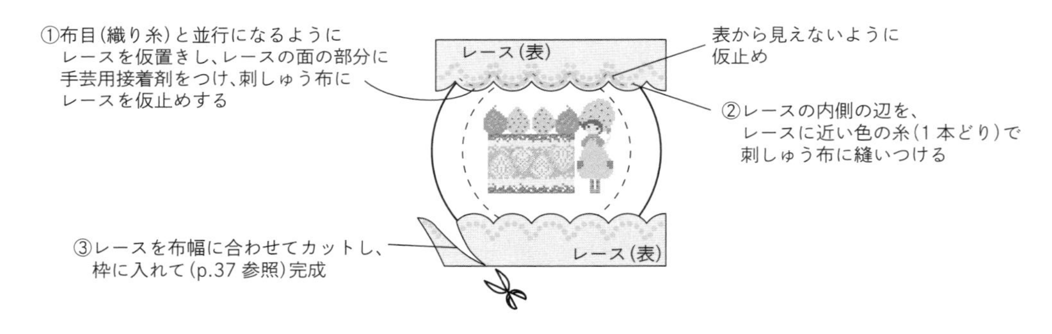

29 コーヒー —ミルクはいかほど?— photo...p.27

●**図案サイズ**　約縦11.2cm×横12.7cm
●**布**　DMCリネン28ct（3865）
●DMC刺しゅう枠MK0025　内径約15.5cm
※フレームの仕上げ方はp.37参照

30 フラワースクエア ーバラー photo...p.28

●**図案サイズ** 約縦17.2cm×横17.2cm
●**布** DMCアイーダ14ct(BLANC)

N=311 ×=319 ●=320 |=367 +=369 ••=828 −=746 ▲=931 <=932 /=3752
○=D168 (DIAMANTにはそのまま1本で使用)

すべて2本どり。数字は色番号。

34 フラワーサークル ーチューリップー photo...p.29

●図案サイズ 約縦17cm×横17.6cm
●布 DMCアイーダ14ct(BLANC)

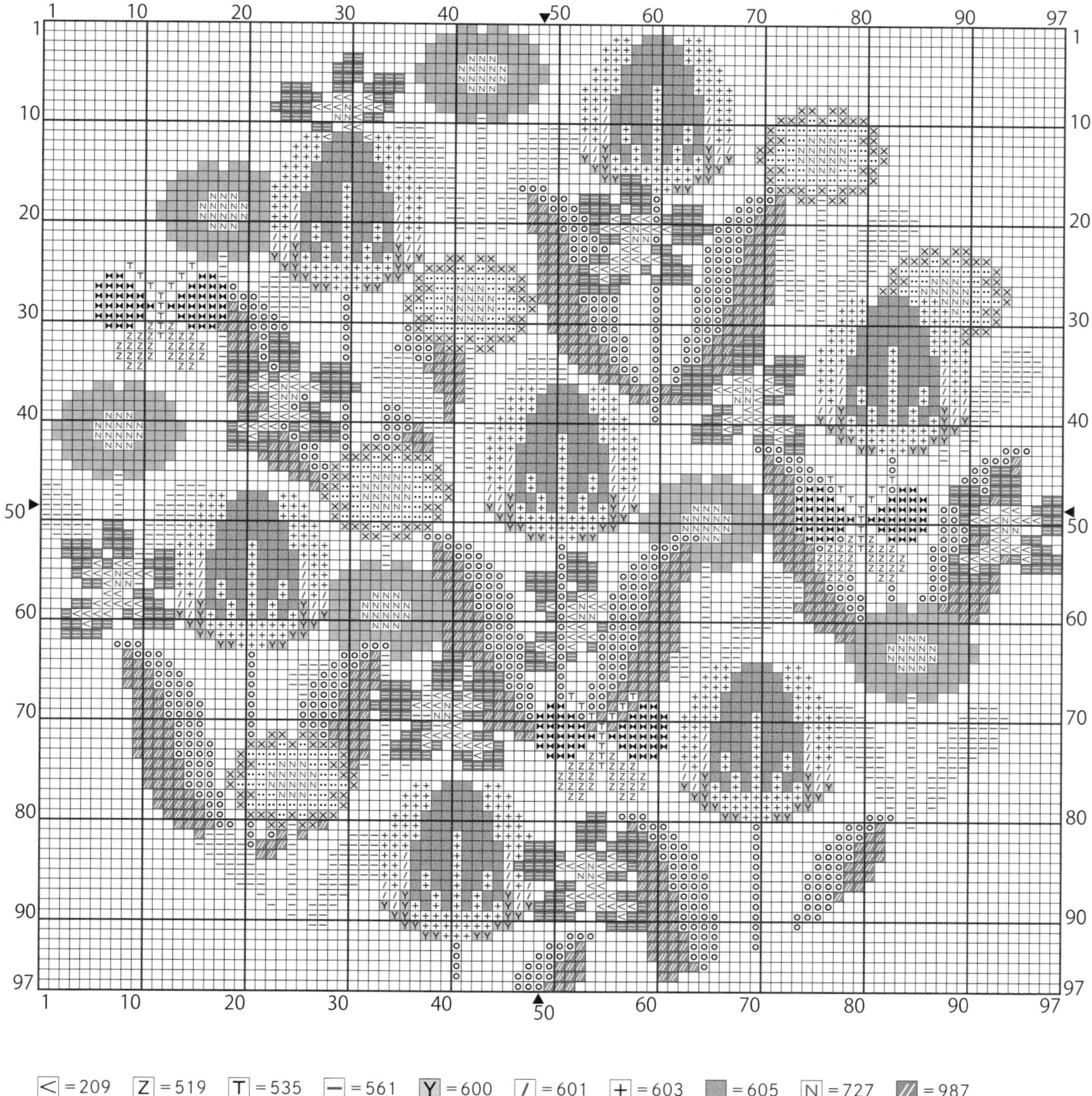

< = 209 Z = 519 T = 535 ー = 561 Y = 600 / = 601 + = 603 ■ = 605 N = 727 // = 987
○ = 989 X = 3716 ⧓ = 3760 ▤ = 3837 ■ = 3854 •• = 3865

すべて2本どり。数字は色番号。

作品デザイン・制作
アズママイコ
加納博子
宗のりこ
橋倉りえ子（CRIE* CRIE）
平泉千絵（happy-go-lucky）
三井由佳（Bloom）
渡部友子

Staff

デザイン	飯塚文子
スタイリング	鈴木亜希子
撮影	渡辺淑克
	天野憲仁（日本文芸社）
作り方解説	安藤能子　奥住玲子
トレース	安藤能子　奥住玲子　谷川啓子
校正	佐々木初枝

素材協力
《糸・布・フレーム》
ディー・エム・シー株式会社
〒101-0035
東京都千代田区神田紺屋町13番地
山東ビル7階
TEL 03-5296-7831
http://www.dmc.com

撮影協力
atelier Pom 目黒中町
〒153-0065
東京都目黒区中町1丁目11-10
TEL 03-3717-0020

《小物》
finestaRt
東京都目黒区碑文谷4-6-6
TEL 03-5734-1178

CARBOOTS
東京都渋谷区代官山町14-5　シルク代官山1F
TEL 03-3464-6868

クロスステッチで楽しむ小さな世界
季節を綾なす刺しゅう

2023年2月20日　第1刷発行

編　者　日本文芸社
発行者　吉田芳史
印刷所　図書印刷株式会社
製本所　図書印刷株式会社
発行所　株式会社 日本文芸社
〒100-0003
東京都千代田区一ツ橋1-1-1
パレスサイドビル8F
TEL 03-5224-6460（代表）

内容に関するお問い合わせは、小社ウェブサイトお問い合わせフォームまでお願いいたします。
URL https://www.nihonbungeisha.co.jp/

Printed in Japan　112230209-112230209Ⓝ01（201102）
ISBN978-4-537-22076-6

編集担当　和田

印刷物のため、作品の色は実際と違って見えることがあります。ご了承ください。